走进
小学语文
优质课

胡晓燕 著

时代出版传媒股份有限公司
安徽教育出版社

图书在版编目（CIP）数据

走进小学语文优质课/胡晓燕著.—合肥:安徽教育出版社,2014

ISBN 978-7-5336-6523-4

Ⅰ.①走… Ⅱ.①胡… Ⅲ.①小学语文课—课堂教学—教学研究 Ⅳ.①G623.202

中国版本图书馆CIP数据核字（2014）第032045号

走进小学语文优质课
ZOUJIN XIAOXUE YUWEN YOUZHIKE

出 版 人:郑　可
质量总监:武常春
责任编辑:姚　莉　章慧敏
装帧设计:张鑫坤
责任印制:陈善军

出版发行:时代出版传媒股份有限公司　安徽教育出版社
地　　址:合肥市经开区繁华大道西路398号　邮编:230601
网　　址:http://www.ahep.com.cn
营销电话:(0551)63683012,63683013
排　　版:安徽创艺彩色制版有限责任公司
印　　刷:合肥华星印务有限公司

开　本:650×960　1/16
印　张:10
字　数:160千字
版　次:2014年4月第1版　2014年4月第1次印刷
定　价:26.00元

（如发现印装质量问题,影响阅读,请与本社营销部联系调换）

序 言

春江水暖鸭先知

当教育到了关注质量和内涵的新时期,当深入讨论在不减少规定教学内容、不违规补课、不按成绩分班的前提下如何提高教育质量之际,当提高课堂教学质量,优化师生本体发展,逐步成为教师、学生、家长和学校、家庭、社会的基本诉求的时候,晓燕老师给我们献上了一份厚礼——《走进小学语文优质课》。

在《走进小学语文优质课》里,晓燕老师从小学语文课堂的质量诉求、理解小学语文优质课、朴素的课堂情怀、先进的教学理念、明确的教学目标、精当的教学内容、得当的教学方法、多元的教学模式、简明的课堂结构、扎实的教学过程、绿色的教学评价、螺旋的教学反思等十二个方面系统论述了如何提高小学语文课堂教学质量。这是很难得的,因为晓燕老师不局限于提出问题,而是扎扎实实解决问题。我们常常说学以致用,那么作为一个教学研究人员就应该"研以致用",这样才能真正成为我们教师教学的引领者。

我们常常讲要提高教学质量,减轻学生过重的课业负担,但实事求是地说,我们对学生负担的认识大多还停留在表面的、感性的、概念的、定性的层面上。比如就学习的时间而言,对特定年龄阶段学生,多长时间是有益的,多长时间是无效的,多长时间是有害的,我们做过测试吗?进一步说,对同一年龄阶段不同的孩子呢?而在我们一些老师和相当一部分家长心里,总是认为学习的时间与效果成正比。我们希望学校乃至年级、班级要多研究些具体问题,譬如对学生的课业负担就应该进行理性的、实验性的、定量的、个性的测试、分析和评价。晓燕老师说:我从2006年至2013年,采取观课议课、师生访谈、调查问卷、查看资料等多种方式,对小学语文课堂质量进行了调查研究。八年来,我先后观课1268节,查阅了692位小学语文教师的备课笔记,随机抽查逾5000名学生的课堂作业。是的,教育教学研究应有这样的科学态度和方法,力戒空谈。没有一番彻骨寒,哪得梅花扑鼻香。

本书以"提高课堂教学质量,促进教师专业发展"为目标,紧扣"优质课",立足优化教师的教学行为,切合广大教师的工作需求,贴近课堂教学实际,有五个亮点:一是以优质课例为素材,以课堂结构为体系,更有操作性;二是重培养教师的课堂教学技能,重教师的敬业精神、人文精神、主动精神、合作精神和创新精神等;三是内容呈现遵循教师的学习经验与思维方式;四是案例样式的多元化;五是兼顾城乡教师需求。

《走进小学语文优质课》是一本指导小学语文教师如何提高教学质量的书,其应用价值当然自有小学语文教师评说。但我想,晓燕老师作为安徽省教坛新星、安徽省特级教师,深知课堂教学水之深浅。熟悉她的人都说她是一位很优秀的教师,她的方法、经验一定会对小学语文老师课堂教学有所启发,有所帮助。

中共安徽省委教育工委委员　李明阳
安徽省教育厅总督学
2014年3月16日

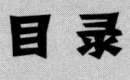

>>> 第一章 小学语文课堂的质量诉求 / 1
　　一　问题缘起 / 1
　　二　诊断问题 / 2
　　三　问题分析 / 3
　　四　质量诉求 / 5

>>> 第二章 理解小学语文优质课 / 6
　　一　概念界定 / 6
　　二　小学语文优质课基点 / 7
　　【案例】 人教版六年级下册《匆匆》/ 9

>>> 第三章 朴素的课堂情怀 / 17
　　一　敬畏课堂 / 17
　　二　亲近课堂 / 17

三　创新课堂 /18

【案例】苏教版五年级上册《嫦娥奔月》/18

>>> 第四章　先进的教学理念 / 24
一　面向全体 / 24

二　真味语文 / 26

三　策略导向 / 27

四　内外一体 / 28

【案例】苏教版二年级下册《识字 8》/ 29

>>> 第五章　明确的教学目标 / 36
一　观照文体,体现课程性质 / 36

二　遵循规律,呈现目标序列 / 37

三　三维整合,表现过程方法 / 38

【案例】人教版二年级下册《玲玲的画》/ 39

>>> 第六章　精当的教学内容 / 47
一　重视科学解读教材 / 47

二　明确语文教学专务 / 48

三　精心整合教学内容 / 50

【案例】人教版六年级上册《别饿坏了那匹马》/ 53

>>> 第七章　得当的教学方法 / 60
一　指导法:有扶有放有支架 / 60

二　体验法：有滋有味有体验 / 62

三　分类法：因文施教有章法 / 64

【案例】 人教版五年级上册《开国大典》/ 66

>>> 第八章　多元的教学模式 / 76

一　小学语文教学基本模式 / 76

二　小学语文教学多元模式 / 78

【案例】 苏教版六年级下册《课外阅读〈三国演义〉读书交流会》/ 79

>>> 第九章　简明的课堂结构 / 97

一　凸显整体把握 / 97

二　展现层次明晰 / 98

三　强调环节紧凑 / 98

【案例】 人教版五年级下册《桥》/ 98

>>> 第十章　扎实的教学过程 / 106

一　落实自主学习 / 106

二　促成有效互动 / 108

三　优化课堂练习 / 110

【案例】 苏教版五年级下册《水》/ 112

>>> 第十一章　绿色的教学评价 / 120

一　激励性教学评价 / 120

二　导向性教学评价 /121

三　发展性教学评价 /122

【案例】 苏教版六年级上册《最后的姿势》/123

>>> 第十二章　螺旋的教学反思 /133

一　反思课程开发 /133

二　反思学情研究 /134

三　反思教学策略 /136

四　反思教师自己 /137

【案例】 人教版五年级上册《落花生》/139

>>> 参考文献 /150
>>> 后　记 /152

第一章 小学语文课堂的质量诉求

一 问题缘起

从 2006 年至 2013 年,我结合从事的小学语文教研工作,采取观课议课、师生访谈、调查问卷、查看资料等多种方式,对小学语文课堂质量进行了调查研究。

八年来,我先后观课 1268 节,其中省级及以上观摩课(含现场赛课)有 321 节,市级及以下家常课有 947 节。观摩课后,均有专家点评和现场互动环节;家常课后,我每次都及时与执教者交流研讨。在与学校领导及数千名小学语文教师随机访谈时,我了解了他们对小学语文教学的认识与想法。其间,我共发放教师问卷 2357 份,回收 2346 份,回收率为 99.53%,且回收的 2346 份答卷均有效;查阅了 692 位小学语文教师的备课笔记;随机抽查逾 5000 名学生的课堂作业,了解小学语文课堂练习及教师对其批改的情况。

通过问卷调查和专题座谈,我了解到,基层小学语文教师对语文课程性质的认识逐步清晰,对新课程理念的认同度较高,特别是中青年教师对新课程改革充满热情。学校领导希望有优质的互动式专业平台来促进教师队伍素质整体提高,渴望学科教研员能经常深入一线提供符合校本需求的专业支持。

经分类整理、比较研究,我发现家常课与观摩课之间的质量与效益差距较大,特别是偏远农村地区,小学第三学段语文课堂教学普遍存在不达标现象,实在令人担忧。有的教师认为沿袭多年的教学方法就是对的,浑然不知自己的教学内容安排不合理;有的教师外出观摩只看执教者怎么教,不思考为什么这么教,等回到自己的课堂一操作就变样了……

八年来,我一直在想:如何帮助教师提高日常教学效益?如何落实真正的"减负"精神?我们必须向课堂要质量,走进小学语文优质课。

二 诊断问题

为了研究与解决以上问题,我们需要诊断当前小学语文课堂教学出现的普遍性问题。

1. 目标不明

教学目标的学段要求不准确,学段特点不鲜明:设定的目标要么是第三学段达不到标准,要么是第一学段超过标准,各学段教学均呈中段化现象。如,不论哪个学段,教学目标中的第一条都是"正确、流利、有感情地朗读课文",而《义务教育语文课程标准(2011年版)》(下文简称《语文课程标准》)关于朗读的要求,第一学段是"学习用普通话正确、流利、有感情地朗读课文",第二学段是"用普通话正确、流利、有感情地朗读课文",第三学段是"能用普通话正确、流利、有感情地朗读课文"。由例可见,语文课程目标的要求是渐次提高、螺旋上升的,我们不能忽视学段目标的差异性要求。

有的教师设定目标不重视表达、方法和过程,易致语文课程的基础性任务无法完成。尤其是情感类文章,似乎只要学生动情、流泪,就算完成了教学目标,殊不知学习作者如何运用语言文字打动读者才是语文学习之要义。同样,教学目标不明确,还表现在课时目标、环节目标不清晰等方面。

2. 内容不清

教学内容取舍不当,注重内容,忽视形式,导致语文课程的工具性萎缩。有些教师认为教课文就是教语文，整堂课过分偏向于分析课文内容，教学内容安排忽视了揣摩作者是怎样用语言表达思想感情的，忽视由读学写，不注意了解文章写法。有的教师在课堂上什么都想教，教学内容主次不分，导致了教与学都如蜻蜓点水。

有的教师文体意识淡薄，不管是记叙文、神话故事、童话故事还是小说，都按一个套路教学，以致学生小学毕业了还分不清文中哪些人物是真实的，哪些人物是虚构的。有些教师文化常识不足，不管什么文体、什么内容，往往都把文本主旨归结为一个字——爱。

3. 方法不妥

有的教师不能根据课标要求和文本特点科学选择教学方法，不遵循母语学习的规律，在教学中"抓局部多、抓整体少""重意轻言"，导致学生整体把握能力弱，语言表达能力不强。有的教师在课堂上只提要求，不作指导；有的有指导意识，却没有好的学法提供给学生，导致指导学生学习低效甚至无效。类似效率低下的教学方法被有些教师长期心安理得地运用，他们从未想过自己的教学方法有什么不妥。

4. 操作不当

语文课的高密度、快节奏，使学生失去了自主探究、合作发展的机会。课堂上，教师不能给每个学生比较充足的时间静下心来"潜心会文"，不能抓住课文重点语句和可学可用的写法引导学生理解感悟、内化积累、迁移运用，削弱了语言文字感染力和语文功能的影响力，导致学生的语文应用能力不强，同时人文熏陶感染作用也大打折扣。

三 问题分析

1. 不清楚语文该教什么

语文教学"教什么"的问题已经不是个别教师存在的问题，而是广大语文教师共同期待解决的问题。这个问题长期困扰着众多教师。有时静观一节语文课，学生除了学几个生字之外，其他收获并不是很大。目前大部分一线教师对语文到底"教什么"的认识还是笼统的。特别是有些年轻教师，觉得教一篇课文非常简单，20分钟就可以教完，上课时"胡子眉毛一把抓",抓不住重点,找不到训练点,不能根据课文体裁,有侧重地设计教学。

"阅读教学"和"阅读"这两个概念的对象不同,目标也不同,但不少语文教师却把它们混为一谈。教师如果没有厘清这两个概念的不同之处,就会忽略指导阅读的策略层面的内容,就会仅仅教教材,而不是利用教材教课程标准所要求的本年段学生应该掌握的内容,就会把教会学生语文课本内容作为唯一教学目标,而没有很好地融入"学习语言文字运用""指导学生掌握方法""激发学生学习兴趣""探索发现中掌握知识""学习的情感、态度和价值观与知识同样重要"等更加符合新课程标准的理念。可见,不解决语文"教什么"的问题,就无法真正提高语文课堂教学的质量。它不是一般操作层面的问题,而是既反映了语文理论建设方面的问题,又反映了教师实践认识的问题。解决了这个问题,势必会使语文教学焕发新的活力。

2. 不知语文该怎么教

教师对教学实践缺少研究,不能准确把握课标精神(有的甚至连课标内容都不熟悉),实施课程的能力就跟不上发展的要求。如,《语文课程标准》关于默读的要求,第一学段是"学习默读",第二学段是"初步学会默读,做到不出声,不指读",第三学段是"默读有一定的速度,默读一般读物每分钟不少于300字"。一位五年级教师刚布置完默读任务,即刻提醒学生:"同学们请注意,默读要做到不动唇、不出声、不指读。"难道学生还没有学会默读?如果真有学生在默读时出现了问题,教师再及时纠错也不迟,还能体现出"以学定教"的教学思想,同时应注意,教师对五年级学生提出的默读要求需关注质量与速度。

教学方法选择不妥或操作不当,主要是因为对"怎么教"依然迷糊,具体表现在"三多三少":教师活动多,学生活动少;师生对话多,学生个体与文本对话少;分析内容、挖掘人文多,抓住文本语言,引导学生理解、积累、运用少。

教师经常谈到"以学定教,顺学而导",观课时却发现他们在语文教学实践时无法将这一理念落实到课堂上,"走教案"、教师牵着学生学的现象普遍存在。主要有两个方面的原因:一是教师没有掌握运用教学策略的技巧，出现了"知""行"偏离的现象，这与理论与实践相结合的专业研修失效有一定关系。二是教师对文本的理解、把握不到位，对学情的预判发生偏差，或者缺少某个方面的考量（即预备不充足）。当学生在课堂上的学习体验超出了预设范围时，教师就难以顺着学情及时调整教学设计，重新组织教学活动，只能依照事先的预案实施教学。

四　质量诉求

对学生而言，学习的主要场所在课堂。小学语文优质课从课程层面优化教学设计，体现教与学的实践智慧，为学生人生的发展奠定基础。提高课堂教学质量，优化师生本体发展，是教师、学生、家长的共同愿望，是学校、家庭、社会的基本诉求。

究竟什么是优质课，它有哪些基本特点，教师应该如何实施教学促进学生的学习，我们如何帮助更多的小学语文教师走进优质课，这些正是本书要探讨的内容。

第二章　理解小学语文优质课

一　概念界定

1. 语文

语文,我们所教的这门学科,它到底是什么?

现代汉语规范词典对"语文"的解释是:❶名语言和文字。❷名语言和文学,如语文教学。

语文课程所用"语文"一词,是由从前的小学"国语"和中学"国文"演变而来的合称,本来是指学习与教学"口头语"和"书面语"、"白话"和"文言"的课程。

语文作为一门课程,《语文课程标准》对其明确界定:"语文课程是一门学习语言文字运用的综合性、实践性课程。""工具性与人文性的统一,是语文课程的基本特点。"

《语文课程标准》"前言"部分对"语言文字的运用"作出具体注解:"语言文字的运用包括工作、生活和学习中的听说读写活动以及文学活动,存在于人类社会的各个领域。"

2. 小学语文

小学语文,即实施九年义务教育阶段的1～6年级的语文课程。

3. 优质课

"优质"一词,现代汉语规范词典的解释是:❶质量优良。

优质课,指教师最大限度地利用一切优质资源,优化课堂教学的各个环节,生成教学相长、质量优良的课堂。常称作"好课"。

4. 小学语文优质课

小学语文优质课,指义务教育阶段1～6年级的教学质量较高的语文课,是学生、教师、编者、教材四者之间高品质对话的过程,是学生运用听说读写思的方式学习字词句段篇,学习文学艺术鉴赏和创作的优质场域。

二 小学语文优质课基点

语文课程是一门让学生学习运用语言文字进行交际的实践性课程。语文教学注重"双基",注重语文所蕴涵的人文性体现在课程目标和课程实施的各个方面,渗透在语言文字训练的全程中。小学语文优质课弘扬工具性与人文性的有机统一,高度重视语文特性及其专务,严防语文课堂异化,保证学生优质发展。根据以上课程本质及其共性基础,梳理出小学语文优质课的基点。

1. 准确设定目标

设定教学目标时要增强课程意识、目标意识、学段意识,目标要准确、鲜明,不缺位,不越位,使所上的课是那个学段的,符合那一类课型的、那一种文体特点的语文课。在课堂上落实三个维度学习目标,既得意又得言,既得法又得能。

不同学段的语言能力要求,前后关联,但各有侧重,下面从"理解能力"一项来举例说明。解词释句的能力,第一学段重在理解中积累,第二学段重在理解中体会表达作用,第三学段重在理解中体悟内涵;理解文章的能力,第一学段重在以读代悟,第二学段重在把握内容,第三学段重在领悟写法……这些层级的能力目标,需要教师用自己的智慧到课文中去挖掘得以实现目标的能力培养点,确定明晰、具体、恰切的三维整合的教学目标。设定的教学目标,应关注每个阶段新出现的关键能力的培养和发展目标;贯穿各个学段的语文课程目标,要循序渐进地提出要求。

2. 夯实语文基础

学好小学语文,就是读好书,写好字,听得明白,说得清楚,写得通顺,打好听说读写的基础。识字、写字教学要教给方法,培养学生识字能力以及在生活中主动识字的习惯;要提高写字指导有效性,提高学生书写质量。各年级要狠抓学生写字姿势和写字习惯的培养,直到习惯成自然。重视学词,加强学生对词语的理解、辨析、积累、运用。识字、写字、学词、读书是贯穿整个小学阶段最基本、最重要的任务,一定要夯实这一语文学习的基础。

3. 指导学习语用

指导学习语用是在听说读写的过程中指导学生如何运用语言文字正确表达,如何遣词造句,如何布局谋篇的自觉教学行为。语文优质课着力于指导学习语用,且有切实可行,灵活多样,适合那个学段、那篇课文的指导怎样读、怎样写、怎样学的方法策略,并且渐渐内化成适合学生自己的读法、写法、学法,形成较强的学习语文能力,进而能够正确运用祖国的语言文字。方法的指导要体现语文学习的规律,要保证好学、管用。

指导学习语言文字运用,在阅读教学中,就是要从语言文字入手,把握文本内容,体会情感而得意,同时关注语言形式、表达方法而得言。要增强语言文字运用的意识,丰富语言文字运用的内容和形式。如,第一学段运用词语说话、写话,抓住常用句式、有特点的句式进行迁移运用。第二、第三学段结合文本的内容、语言、段式、文章的写法,设计灵活多样的随文练笔。大力改进字词教学、口语交际教学、习作教学,丰富学生的语汇,发展学生的口头语言表达能力,提高学生的书面表达能力。加强语文课与现实生活的联系,激活学生自主表达的欲望,培养学生运用语言文字解决生活所需的表达能力。

4. 鼓励创新模式

小学语文优质课在继承优良传统的基础上,以先进的教育思想和教学原理为指导,不断改革、创新设计教学环节和运行模式。在语文课堂教学中,运用合理又独特、生动又新奇的教学活动方式,学生真读、真说、真写、真感悟、真体验,教师灵活多样地选择恰当的教学方法,积极构建适合

"这一课"的好模式,不僵化,不固化。教师预备许多好的方法、策略,为学生"能学""学会""会学"以及持续地"乐学"提供专业保障。

5. 落实让学生学

小学语文优质课坚持"教为学服务"的理念,把语文课上到学生的心坎上。教师不仅注重对教法的研究与优选,更关注学生的学习方式多元化、学习方法科学化、学习策略高效化,落实让学生学,以全面提高全体学生的语文素养。"让学生学"永远是最好的教学方法。只有让学生自己学,他们才能"会学",才能"学会"。因此,激活、调动、维持、激励学生自己学的主动性、积极性和创造性,是语文教学的好方法,是教师的价值所在。

人教版六年级下册《匆匆》
教学实录与评点

一、入课无痕,显智慧

师:同学们,很高兴见到你们。上课前,我先教你们背一首小诗。小诗有三节,每节有四句。我一次说一节,说完就请你们来背诵,你们敢接受这个考验听力、记忆力和勇气的挑战吗?

生:敢!

师:我先来说第一节:"早晨是上眼睑(肢体语言辅助,示意'睑'为眼皮),晚上是下眼睑,两眼一眨,就是一天。"谁想来背诵?

(一名学生背诵)

师:正确!你不仅有勇气,还很聪明!谁再来背?

生:早晨是上眼睑,晚上是下眼睑,两眼一闭,就是一天。(众笑)

师:不是"一闭",而是"一眨",眼睛闭上没关系,只要还能再睁开就好!请你再背一次。

(生再背)

师:第二节:"正月是左脚板,腊月是右脚板,两脚一跨……(学生接:就是一年)"谁能背?

(一名学生背诵)

师：真不错！现在我来说第三节："人生如此短暂，人人都是利箭（做射箭动作），在追求的箭靶上，你射中了几环？"

（一名学生背诵）

师：这么难背的一节你都能一次背对，你真是个聪明的孩子！谁来说说这首小诗告诉了我们什么道理？

生：时间过得很快。

师：那我们应该怎么做呢？

生：我们应该珍惜时间。

师：请把这两句话连起来说。

生：时间过得很快，我们应该珍惜时间。

师：说得对！现在就让我们一起有感情地背诵这首小诗，记不住的同学可以看屏幕。

（多媒体出示整首诗，生齐背诵）

【评点】 课前交流，赵老师充分展示出幽默的语言风格、机敏的教育智慧与高超的沟通技巧。赵老师的文学功底深厚，精通诗词歌赋，看似不经意的话语也流淌着美感。更妙的是他把互动交流的内容与本节课的教学内容有机结合，为下一步教学做好了情感渲染和内容铺垫。

二、妙语连珠，巧解题

师：这首小诗的名字叫做什么？

生：人生。

师：那"人生"的名字叫做什么？

（生茫然）

师：人生的名字叫做遥远，遥远的名字叫做等待，等待的名字叫做岁月，岁月的名字叫做——匆匆。

师：这个字读什么？（板书：勿）

生：勿。

师：这个字读什么？（板书：匆）

生：匆。

师：这两个字的字形就差这么一点，同学们写"匆"字时，请勿匆忙，这一长点要贯穿两撇。请同学们齐读课题——

生:(齐)匆匆。

师:春去秋来,季节是匆匆的;踏上行程,脚步是匆匆的;斗转星移,岁月是匆匆的。

三、限时速记,体内涵

师:这次又是哪位作家以"匆匆"为题写了这篇文章呢?

生:朱自清。

师:我们一起来了解一下这位作家(多媒体出示朱自清的简介)。我只给同学们30秒的时间,请你们仔细阅读,快速记忆。(生在钟表滴答滴答的倒计时背景中快速记忆)

师:时间到!30秒匆匆而过。谁来说说你记住了哪些内容?

生1:朱自清原名朱自华。

生2:他的散文语言简练。

生3:他的代表作有《荷塘月色》。

【评点】 钟表"滴答滴答"的倒计时背景使学生沉浸于紧张的氛围中,初步体验时间片刻不停、"匆匆"的特质,紧迫感油然而生。"匆匆"的30秒催学生尽可能多地了解作者。

四、初读全文,夯基础

师:同学们记得又快又准!朱自清匆匆的一生只走过了短暂的50年,现在就让我们走进他的这篇《匆匆》。请大家自由朗读课文,要读准字音、读通句子。

(生读课文)

师:你认为哪些句子不容易读顺或者是不好理解,需要提醒大家一下?

生:"我不禁头涔涔而泪潸潸了。"

师:我们一起来读读这个句子。

(生齐读)

师:"涔"和"潸"都是什么偏旁?

生:"三点水"旁。

师:那说明"涔"和"潸"都和什么有关?

生:和水有关。

师:那"头涔涔而泪潸潸了"的意思就是——

生:头上的汗水和眼里的泪水一起向下流的样子。

师:整句话的意思就是——

生:我禁不住头上的汗和眼里的泪一起流了下来。

师:很好！还有哪句不好读？

生:"太阳他有脚啊,轻轻悄悄地挪移了。"

师:什么叫"挪移"？

生:移动。

师:那么我们能说马路上飞驰的汽车在挪移吗？

生:不能。

师:"挪移"在这里的意思是——

生:慢慢地移动。

师:说对了！现在请同学们观察这个"挪"字,怎样才能把它写得正确、美观呢？可以在方格中先试写两个。

(生写字)

师:请同学们注意书写姿势,要做到头正、背直、脚平。

师:说说你写"挪"字时注意了什么,是怎样写美观的。

生:写这个字的时候上下不平齐,左、中、右三部分要写得同样宽。

师:观察得很仔细,请同学们按照他说的方法再写两个。

(生写字)

师:还有哪句不好读,需要提醒大家？

生:"过去的日子如轻烟,被微风吹散了,如薄雾,被初阳蒸融了。"

师:"蒸"就是——

生:蒸发。

师:"融"就是——

生:融化。

师:"蒸融"就是——

生:蒸发融化。

师:什么被蒸发融化了？

生:过去的日子,像薄雾一样被蒸发融化了。

师:对！同学们再看这个"蒸"字,你们先在方格里试写一下。想一想,写的时候应该格外注意哪一笔呢？

生:应该注意"四点底"上面的那个短横,不要落下。

师:说得好！请同学们在方格里再写两个"蒸"字,同时还要注意"草字头"与"四点底"要写得同样宽。

（生写字）

【评点】 赵老师重视语文基础知识学习和良好书写习惯的培养,从怎样把难句子读顺到生字新词的释疑,再到写字指导与朗读训练,完全是从学生学习实际出发,使学生有针对性地高效学习。

五、了解文体,明学法

师:同学们,我们学会了生字新词,又读通了句子,现在回想一下课文。谁能说说这篇课文究竟在写什么"匆匆"？

生:时间的流逝是匆匆的。

师:回答得非常好！有人知道这篇文章是什么体裁吗？

生:散文。

师:散文,顾名思义,就是一种形式松散,但所表达的主旨却不散的文体,这也是散文最突出的一个特点,叫"形散而神不散"！

师:面对这样一篇写于90年前的抒情散文,你们有什么办法读懂它吗？

生:可以仔细读,体会作者表达的情感。

师:说得非常好！我们可以一边品味作者表达的情感,一边感悟文章蕴涵的道理！（板书：品情悟理）

师:请同学们看"品读助手"（出示"品读助手"）。谁来为大家读一读？

生:（读）1.找出描写时间匆匆流逝的词、句,仔细读一读。2.从这些词、句中你品味出了什么？在书上批注。3.把你的感受与同学们交流、分享,用朗读展示。

师:这里的"什么",既可以是你品味出的情感、感悟出的道理,也可以是你发现的文章的表达方法、修辞手法。你可以把这些发现简单地写在课文旁边,也可以概括成词或短语写在黑板上。给大家5分钟时间,要求真读、真想、真思考,不装样子。

(生读课文。一生板书:惋惜　悲伤　无奈　时间一去不复返　珍惜时光)

(师小结板书,略)

【评点】 "品读助手"与板书的运用,对于帮助学生理解课文的情感、梳理课文的脉络、习得写作的方法起到至关重要的作用,能够落实"让学生学"。

六、感悟写法,真积累

师:其他同学也有收获吗?

生:有!

师:那大家分享一下吧。我们尊重作者的写作顺序,谁先和大家交流一下第一自然段?

生:"燕子去了……一去不复返呢?"燕子、杨柳、桃花都可以再次轮回,只有时间不能。作者用排比的句式强调了这一点。

师:你的感悟真深刻,排比句式的确强调了这种对比。在能够再次轮回的事物中,作者先写了……又写了……再写了……(屏幕出示关键词)你能根据这些提示试着把这段优美的语言背下来吗?

(生根据屏幕提示背诵第一自然段)

师:为什么你能如此迅速地背出这一自然段呢?

生:因为记住了这个排比句式。

师:看来,文章中的特殊句式可以帮助我们记忆和背诵。大家学会这种背诵方法了吗?

生:学会了!

【评点】 课后习题有背诵课文的要求。教师不只关注到了这一点,更从关注过程、教给方法、培养语感入手,让学生在课堂上诵读第一自然段,积累方法。教师做到心中有标,学生才会学中有的。

七、品词析句,融情读

师:正所谓"花有重开日,人无再少年",那么接下来,作者又是怎样表达自己怎样的情感的呢?谁来和大家交流一下第二自然段?

生:"在默默里算着……我不禁头涔涔而泪潸潸了。"这是一个比喻句,表达出了作者因为留不住时间而感到非常伤心。

师:这个句子中把什么比喻成了什么?

生:把"日子"比喻成了"一滴水"。

师:那么又是多少日子和什么样的一滴水呢?

生:"八千多日子"和"针尖上的一滴水"。

师:(多媒体出示针尖上的一滴水)这就是针尖上的一滴水,你觉得这八千多日子留得住吗?

生:留不住!

师:(播放一滴水滴到大海里的视频)如果这滴水滴在这样波涛汹涌的大海里,还能听见声、看见影吗?

生:不能!

师:这个比喻形象、恰当吗?

生:形象、恰当。

(师范读第二自然段)

(生齐读第二自然段)

【评点】 借助现代教学手段,强化学生认知体验。总长不超过30秒的两段视频的恰当运用,把学生情感推向了高潮。

八、连句成诗,学语用

师:"去的尽管去了……怎样地匆匆呢?"谁来和大家交流一下第三自然段?

生:"洗手的时候……双眼前过去"让我觉得无论我们做什么,时间都会匆匆地滑过。

师:这样的事也发生在你们身上吗? 你们能结合自己的生活实际用这样的句式说句话吗? 也可以根据这些提示来说话。(出示课件)

_____的时候,日子从_____过去,_____是匆匆的。

师:请同学们把刚才说的连成完整的一句话。我们来作一首小诗!

生1:写字的时候,日子从笔尖上过去,岁月是匆匆的。

生2:玩耍的时候,日子从嬉笑中过去,回音是匆匆的。

生3:奋斗的时候,日子从汗水中过去,成长是匆匆的。

生4:阅读的时候,日子从思考中过去,时间是匆匆的。

师：写诗难吗？

生：不难！

师：只要我们联系生活实际，体会作者表达感悟的不同方法，就能学好语文，这也是本单元我们学习的重点！

【评点】 运用课文的句式，联系生活实际训练学生说一句完整优美的话，再把学生自创的句子连成一首精美的小诗。一步步由易到难、由浅入深、渐入佳境的连词成句，连句成诗，充分体现注重学习语言文字运用的理念。这是教师在用自己的诗意启迪学生的诗意，用自己的文采点亮学生的文采。

九、追问激思，惜匆匆

师：课文学到这里，我们不禁会想，面对时间的匆匆流逝，我们能做的，难道只是匆匆吗？只是徘徊吗？面对作者在第四、五两个自然段中一连提出的七个问题，我们又应该怎样作答呢？这些，只能留待我们下节课去继续探寻答案了。因为，时光如流水啊！

师：（多媒体出示以瀑布为背景的巨大的钟表画面）请同学们看着我的表一分钟！在公元2012年11月14日下午5点前的一分钟，我曾和你们在一起。因为你们，我会记得这一分钟。从这一刻起，咱们就是一分钟的朋友！这是事实，你改变不了，因为它已经完成了，因为时光就是这样的——匆匆！

【评点】 意境深远的瀑布背景与巨大钟表下发人深省、催人奋进的结语让学生的视觉、听觉等多感官共同参与感悟，在心理上深度体验时光如流水的"匆匆"内涵，与课始形成完美的对接，同时展现了信息技术服务于语文学习的整合艺术。

（本课例荣获全国第九届青年教师阅读教学观摩研讨活动特等奖，黑龙江省牡丹江市教育教学研究院赵昭执教，2012年）

 **第三章 朴素的课堂情怀**

朴素的课堂情怀是教师长期对课堂教学充满激情的朴实自然的心境,它具有深刻性、稳定性与持久性。朴素的课堂情怀积极影响着教师的教学行为。教师在不懈追求思行合一的过程中生成内里的、强而持续的提升课堂教学水平的能力,让小学语文优质课有一种独特的气场和气韵。

一 敬畏课堂

课堂是教师职业生命的牧场,是学生健康成长的原野。课堂教学占据一个人学生时代的大部分宝贵时间。课堂教学的质量决定着学生的生命质量与生存状态。作为教师,最大的任务就是把课上好,这是神圣的使命。高质量教学应是教师毕生不变的追求。课堂,我们必须敬畏!

敬畏课堂,对课堂高度负责,教师就会以全身心的状态投入课堂,科学安排不同课型的结构,根据课程目标、教材特点、文本功能和学生实际精心设计教学,努力让每一个生命在自己的课堂获得最好的发展,把"以学生发展为本"的理念转化成教师自觉的教学行为。在追求优质课的路上行走,就是在修炼生命。

二 亲近课堂

亲近课堂,表现出的是教师思想深处对课堂的热爱。优秀的教师一定是喜欢上课、喜欢观课的。亲近课堂，自然会主动亲近学生，了解学生，会在最近发展区上做文章、下工夫，想方设法对教材进行基于学生的"二度开发"，积极开发与利用优质的语文资源。亲近课堂，就会从学生实际出发，优化问题情境，重视培养学生的问题意识、思考习惯和思维能力，采取各种有效方式培养学生的学习责任感。亲近课堂，就会加强教学的针对性，预备充足的支架，促进学生积极主动地学习，使教学走在学生发展的前面。亲近课堂，就会自觉追求深入浅出地教学，经常站在语文课程的高度追问自己：我该教什么，怎么教，教到什么程度？如何提升课程资源开发与运用的层次和水平？如何提高课堂教学的质量？

三　创新课堂

创新课堂，要求教师以研究者的姿态面对课堂，从教育思想到方法策略，从实践操作到反思跟进，实施全程、全面的改革创新，即实现观念创新、内容创新、教法创新、模式创新。作为差异生命体聚集地的课堂，教师应当赋予学生创造发展的自主权，给学生自由探索的空间，培养学生的策略意识和语文实践能力，使课堂学习变成学生砥砺智慧、修养心性的方式，实现课堂教学质量优化，从而焕发出学生生命成长的活力和个性释放的魅力。

教师以何种情怀和面貌对待课堂，课堂则以相应现象和效益进行折射与回应。一名好教师会不断更新专业知识并正确运用教科研新成果，但朴素的课堂情怀始终不变。教师应做到敬畏课堂，亲近课堂，创新课堂，让学生在课堂上历经理智的挑战和触动心灵的体验，让教育思想在语文教学实践中生长。

苏教版五年级上册《嫦娥奔月》
教学构想

一、前后联结，研究教材

静阅美丽的神话《嫦娥奔月》，思绪飘至孩提时代，我偎在妈妈怀里听嫦娥奔月的故事。那时觉得月中女神伫立在桂树旁深情凝望后羿,是一种凄凉的美,是一种让人想流泪的美。现在,当我再次阅读《嫦娥奔月》时,心里流溢的不是同情,而是敬意——一份不竭奔涌的、深深的敬意!女英雄嫦娥由内而外散发出的美,是一种旷世持久的美,是一种精神丰满的美。

《嫦娥奔月》是苏教版五年级上册第三单元的第三篇讲读课文。该单元主题是"故事集锦",其中有成语故事、历史典故、神话故事、寓言故事。《嫦娥奔月》这篇课文以素朴而优美、准确而晓畅的语言讲述了美丽善良的嫦娥为了老百姓不受害,吞下仙药升天成仙的故事。内容通俗易懂,情节曲折感人,插图绚丽多彩,能丰富学生的阅读感受,是训练学生想象能力、语言表达能力的好教材。教材的编写意图就是要让学生受到神话故事的浸润,使古代文化经典化作汩汩清源,进入学生的血液,滋养学生的灵魂,为学生注入一股神奇的生长力。[因此,本人不主张在课堂拓展另一版本的《嫦娥奔月》。教师应准确解读教科书编者意图,不能画蛇添足。这是《语文课程标准》(2011年版)增设内容之一]

二、立足发展,研究学生

五年级学生开始进入少年期,身心发展正处于由依赖趋向独立的交错时期,思维由形象思维向抽象思维过渡,求知的欲望和能力,以及好奇心都有所增强。我借课前谈话了解学生预习情况,洞悉学生实有的知识水平和学习能力,找准学生的"最近发展区",立足全面发展,关注全体学生。

三、三维整合,明确目标

五年级上学期是第三学段的起始学期,教师要引导学生完成好学段的衔接过渡。我根据学生实际,综合学段特点、单元编排和教材分析,确定本课教学目标为:

1.通过品读叠词、情境朗读等,学生能正确、流利、有感情地朗读课文,能有条理地复述课文。

2.运用自主识字、随文识字等方法,学习5个生字,绿线中的4个生字只识不写。理解由生字组成的词语。

3.紧扣课文具体的语言材料,感受课文的意境美,品悟嫦娥心地善良、舍己为民的高贵品质。

4.通过理解课文内容,在阅读中揣摩文章的表达顺序,体会神话故事的文体特点。

故事情节、环境、人物,是神话故事的三大要素,其中人物处于三大要素的核心地位,而吸纳文化精髓是优质教育的重要目标,所以上述目标3和4是教学重点,也是难点。

四、提炼优化,智选教法

坚持"教为学服务",坚守"以学定教、顺学而导",遵循因材施教的原则,我紧密结合课文特点,运用情境教育法、整体感悟法、读写结合法等,让学生进角色、入境界,潜心品析语言文字的神韵,在听说读写等语文实践中学习语文。突破重难点的教学策略是"依'标'扣'本'学语言,读思议练重实践,蕴涵人文重融合",从而夯实"双基",让学生历经思维拔节的过程。

五、有效重组,关注学法

学生在自主学习、自我感悟的基础上分组合作,进行探究性学习。教师在相机引导间,唤醒学生有意识地酌情选择、灵动重组已习得的学习方法,从而实现高效学习的目标,即把学习策略纳入教学视野,让学生生成大智慧,获得生命成长的快感。

总之,上好一节课,不仅要注意对文本的挖掘,对教法的研究,还要关注学生学法运用的过程与结果。

六、螺旋渐进,理清思路

首先,教师指导学生理清故事发展顺序,整体感知情节;接着,师生在情节发展过程的具体语境中,走进文字精妙处,感悟人物形象,突破教学重难点;最后,入境移情,揭示主旨。教学呈现"简约而丰满,扎实而灵动,亮丽而智慧"的特色。

七、板块推进,梳理流程

基于以上种种分析,《嫦娥奔月》教学时间为2课时,设计为六个板块:创境赏月,吟诗导入;初读神话,梳理文序;指导写字,归类提效;烘云托月,含英咀华;复述课文,总结提升;内外链接,适度延伸。

第一板块:创境赏月,吟诗导入。

配乐《思乡曲》,出示中秋月景图,吟诗导入。教师边板书课题边指导写字,强调"奔"的读音(bēn)。学生齐读课题。

[创境赏月是人为优化了的环境,是唤醒阅读期待的无形之"力",能

使学生的心理与阅读产生契合,为优质课堂打开一扇窗]

第二板块:初读神话,梳理文序。

通过读课题或课前预习,学生质疑。教师及时点评梳理,提高学生的质疑水平,并借此以学定教。预设学生的问题:(1)嫦娥为何奔月?如何奔月?(2)人们为什么把八月十五这天定为企盼团圆的中秋佳节?(3)从哪些内容可以看出《嫦娥奔月》是个神话故事?

教师用课件出示初读要求。学生充分初读,加深体验。

按照初读要求,教师先出示词串(见下表),检查学生读词情况,相机正音,指导写"奸""丸"两字;再结合词串构建的语境,指导学生进行说话训练,整体感知故事情节;接着引导学生运用多种方法理解生词,如,借助词典、联系上下文或生活积累等;接下来分自然段朗读课文,用简洁的语言概括主要内容;然后梳理文序,以学生自主学习为主,体现学段特点。字词句段篇教学融会贯通,大大提高了实效性。

射日	敬重	拜师	企盼
接济	周旋	药丸	凝望
奸诈	贪婪	假装	威逼
提着宝剑	迫不及待	翻箱倒柜	四处搜寻
洒满银辉	碧蓝碧蓝	皓月当空	树影婆娑

学生带着自己的问题再读课文,试着解疑,再存疑。对学生初读理解的层面不求全求深,重在整体感知课文内容,体会神话故事的文体特点。

[让初读提效,教学就要做到化"碎"为"整",让学生在读中质疑,解疑,再存疑,使平实的初读环节蕴藏着巨大的思维张力]

第三板块:指导写字,归类提效。

出示生字"蒙""贪""企",归类指导(这三个字都是上下结构,书写要诀:上紧下疏;运用比较观察法指导书写三个字的关键笔画"捺")。确立整体训练的思路,这样能大大优化写字教学的效果。学生用钢笔描红、临写,教师巡视指导,让学生在端端正正写字过程中体会汉字的优美。

第四板块:烘云托月,含英咀华。

这是教学的主体,分三部分进行。

第一部分是品味语言,精读第一段。引导质疑,边读边想:这一段主要内容是什么?小组交流,汇报读书收获时,教师顺势而导,采用追问策略,扣读导悟后羿深受敬重的原因。[预设:文中的"苦难"指的是什么?突出"直""实在""无法"等词语,想象老百姓遭受的苦难及苦难程度;抓住"登上""运足""拉满""射下"等有关动词,感悟后羿的力大神勇]

第二部分是想象融境,细琢第二段。这部分是理解、感悟的重点,情境朗读是突破点的关键。

第一步,学生把"心"放在故事里,默读第二段,边读边想:逢蒙、嫦娥分别是怎样的人?表现在哪些地方?分别用波浪线和直线画出文中有关语句,并批注。指导朗读第四自然段,让学生感受到后羿与嫦娥的感情非常深厚,为帮助学生体会嫦娥抉择时的矛盾、痛苦与坚决做好铺垫。重点是引导学生将嫦娥与逢蒙进行对比,体会反衬的表达效果(将嫦娥置于矛盾之中,更显"至善""大爱"的美德本色)。同桌对比朗读,师生入情入境合作读第五自然段。

第二步,运用比较辨析法,体会运用重叠词的秘妙是能加强语气。如,课件出示:

> 碧蓝碧蓝的夜空挂着一轮明月。
> 碧蓝的夜空挂着一轮明月。

学生读中比较,品味出"碧蓝碧蓝"更能强调夜空的美丽色彩,衬托嫦娥美丽的心灵。配乐朗读第六自然段后,读写结合,创境导写。学生看图入情入境,发挥神奇想象:飞天的嫦娥在想些什么呢?适时练笔,写下心灵的文字。教师巡视,进行现场备课,师生共同评价。

第三步,自读自悟第七自然段,学生从后羿的"连声呼唤""不顾一切"以及嫦娥的"深情"中,加深体会夫妻恩爱之情,品悟其表达效果(从侧面衬托嫦娥自我牺牲精神的伟大)。学生在品读中体会标点符号的用法及其表情达意的作用。

第三部分是浸润思想,深悟第三段。学生通过朗读,体会人们对嫦娥永远的思念,并追本溯源:乡亲们为什么很想念嫦娥?(深悟美德:美丽、善良、正直、舍己为民)接着进一步追问:乡亲们对嫦娥的思念,说明了什么？这是对课文整体把握的提升,使嫦娥这位女英雄在众人的烘云托月中显得更加迷人(美丽的嫦娥影单心不孤:后羿对嫦娥的爱恋与不舍,是一种美丽;乡亲们对嫦娥的思念与祝福,是一种幸福)。

第五板块:复述课文,总结提升。

指导学生编列提纲或列标题,梳理故事情节,并相机完善板书,为复述提供支持。学生通过自由练习、同桌互述、推荐展示等多种形式练习复述。随后,学生自主总结学习收获,回观神话故事的文体特点,自我检查学习效果。

第六板块:内外链接,适度延伸。

课文只是一个例子。教师要用例子激趣,引领学生课内得法,课外实践(阅读优秀的神话故事,完善练笔),拓宽视域,增加积累。

八、自然融合,精心板书

[关键词语构成了一轮"明月",这样的图式板书能吸引学生的注意力,将文路、教路、学路自然融为一体,帮助学生把握课文重点]

(胡晓燕)

第四章 先进的教学理念

教学理念是对课堂教学的价值追求和实施策略。先进的教学理念注入了教师的高尚情思、理性经验以及有效策略等。面向全体,尊重差异,因材施教,策略导向,学习方式多元化……随着课程改革深度发展,这些先进的教学理念为小学语文优质课开启了一扇大门。

一 面向全体

课堂上总有一些学生思维敏捷,应答踊跃,教师不由自主地就偏向了他们。课程标准明确要求"语文课程,必须面向全体学生"。面向全体的语文教学特别注重启发,因为学生应答错误或答不上来,是课堂上时有发生的正常事。如何处理,至关重要。大多教师是转向其他同学,说:"谁能帮帮他?"其实这是不佳选择,误失了宝贵的启智机会。正确的做法是及时授予方法或给他一个向上爬的梯子,让他通过自己的努力获得正确答案。所以,我们在设计问题的时候,要假设如果学生回答不上来或回答不正确,应如何帮助他,要有促使学生得到正确答案的方法。课前准备好启发学生的方案,在课堂上就不会显得不知所措,或转而找其他同学回答。

【教学片段】 苏教版四年级下册《宋庆龄故居的樟树》(1)

师:检查预习,读读练习三的词语,会读吗?

（生练习读）

师：词语都读准了吗？检查两个最难读的：瞻仰，繁衍。

师：我们一起读。

（师生齐读）

师："瞻"是我们要学习的一个生字，你有什么要提醒大家注意的吗？

（指导书写"瞻"，并理解"瞻仰"）

生：是"目"字旁。

师：为什么是"目"字旁啊？

生：表示"看"的意思。

师："言"上面的两点不能丢。写字关键要正确。

（师板书示范，生跟着书空）

师："瞻"是看的意思，那么"瞻仰"呢？

生1：抬头向上看。

生2："瞻仰"是看以前的伟人。

师：可不是这些意思。

师：老师教给大家一种方法：将词语放到句子中去理解。请读一读课文中的句子。

（师引导生读：人们怀着崇敬的心情前来瞻仰宋庆龄的故居……）

生：（生读句子后说）"瞻仰"就是"崇敬地看"。

师：正确！你看，这就是进步！学会理解词语的方法了。我们也把"繁衍"放到句子中去理解。

【评点】　楚老师检查生字词的预习显得特别有针对性。没有一个字一个字去检查，而是抓住比较难读的词语。面对学生的错误，教师没有回避，没有放弃，而是指导学生把词语放到具体的语言环境中去理解，指导有效，培养了学生学习语文的能力，让语文学习成为学生情智提升和生命拔节的过程。楚老师心中装着每一个学生，在解读教材的时候，不仅充分预设了学生的情况，还充分研究了课文中的词句，并在学生和文本两者之间恰到好处地找到了结合点，预备了充足的解题策略，以真正落实"面向全体"的教学理念。

二　真味语文

一节优质的语文课一定能表现出教师特有的语文气质和他强烈的语文意识。比如，教师更重视语言文字的规范性要求。在学生讨论问题时，教师不仅评价表达的内容，还关注表达的效果以及语言的规范性、准确性和生动性。即使在教学科技常识类文章时，教师关注的重点仍然是语言素养，是对理性的、抽象的、逻辑的语言的感受和理解，是体验和领悟一种严谨、深刻和简约的语言美。这样的课堂是真味语文的课堂。

【教学片段】　苏教版五年级上册《厄运打不垮的信念》
（出示描写《国榷》的两处数据）

> 经过20多年的奋斗，6次修改，谈迁终于在50多岁时完成了一部400多万字的明朝编年史——《国榷》。
>
> 又经过了几年的奋斗，一部新的《国榷》诞生了。新写的《国榷》共104卷，428万4千字，内容比原先的那部更加翔实、精彩，是一部不可多得的明史巨著。

师：课文前后两次是怎么介绍《国榷》的新旧之作的？
生：用数字介绍的。
师：你体会到了什么？读出数据背后的内涵。
生：从书的字数之多，到内容"更加翔实、精彩"，体会到谈迁收集资料历经千辛万苦的工夫没有白费，新写的《国榷》不可多得！
师：数据会说话。这428万4千字，让我们仿佛看到——
生1：我看到了谈迁写完《国榷》高兴的样子。
生2：我看到了谈迁用很长时间去写，不顾年老体弱，夜夜面对孤灯，奋笔疾书的情景。
生3：我看到了数据背后是谈迁坚定的信念。
师：是啊，作者用数据说话，有力见证了谈迁没有被厄运打垮的事实。此时，你想对谈迁说些什么？
生1：谈迁，我要向你学习坚定信念、坚守情操的品质。
师：你找到了学习的动力和榜样。

生2：谈迁，我非常佩服你！"在漫长的人生旅途中，难免有崎岖和坎坷，但只要有厄运打不垮的信念，希望之光就会驱散绝望之云。"

师：听出了你对他的佩服之情，还巧妙地引用了课文最后一段话。结尾点题，揭示主旨，让我们一起读读点睛之笔吧。

（师生共读最后一自然段）

师：通过这节课，在作文的写法上，你有什么收获？

生1：写作文用列数字、举例子的方法，更有说服力。

生2：写作文，可以在结尾点明中心。

师：同学们很会学习！现在就向课文学习用数字来表达。请选择一个话题，运用数据，结合行动描写来写一段话。

（生写话）

【评点】　通过前后数据对比，结合行动描写，感悟谈迁没有被厄运打垮的坚韧意志。引领学生初步领悟运用数据的表达方式，体会运用数据表达清晰明了、更有说服力的作用。学习语文，就是要认真地倾听言语背后的声音，思辨言语的色彩，掂量言语的分量，触摸言语的温度，彰显真味语文。

三　策略导向

语文课程强调学生是学习的主体，要求学生在自主的大量的语文实践中，初步掌握学习语文的基本方法，养成良好的学习习惯，具有适应实际生活需要的语文能力。学语文的方法比较多，如识字、写字的方法，朗读、默读、背诵的方法，精读、略读、浏览的方法，理解文题、句子的方法，分段、概括段意、抓住主要内容、归纳中心的方法，鉴赏文章词句和写作特色的方法，各种写作方法等。先进的教学理念呼唤语文课堂由教课文转向用课文学语言、用语言，由分析课文内容的教学转向以策略为导向的教学，注重读法、写法、学法的指导，以提升学生的阅读理解能力、运用语言文字能力。

【教学片段】　苏教版六年级上册《牛郎织女》

师：在相识这个部分，看看老牛是怎样引荐织女的。

生：（读）一天晚上，牛郎走进牛棚，忽然听见一声"牛郎！"……

（生读到相应内容时，出示课件）

> 一天晚上，牛郎走进牛棚，忽然听见一声"牛郎！"，是谁叫他呢？回头一看，微弱的星光下面，原来是老牛在讲话。老牛说："明天黄昏的时候，你翻过右边那座山，山那边有一个湖，湖边有一片树林。在树林里，你会遇到一位美丽的姑娘。可别错过了这个机会呀！"

师：在老牛的话里面，一句一句，环环相扣，每一句话都很重要，无论少哪一句，都会导致找不到织女。你能发现哪些重要的信息？

生："右边"不能少，否则方向就错了。

师：对，越准确越好，这样才能保证牛郎找到织女。

生："明天黄昏"很重要，说明了去的时间。

师：时间是一个重要信息，大清早就跑去，哪能找到织女呢？

生："湖边有一片树林"把地点说得很准确。

师：最后还有一个温馨提示——

生：可别错过了这个机会呀！

师：请你以老牛的口吻再一次叮嘱——

生：可别错过了这个机会呀！

师：非常好，如果我是牛郎，就能按照你们的这个线路图找到织女了。谁能不看课文，把老牛对牛郎说的话复述一遍？

（生试复述）

师：好，这就是复述。在复述时，不要求字字准确，但在他这句话中的重要信息一个都不能少。

【评点】 吴老师找准了学生的最近发展区，有机渗透复述方法。在练习复述老牛这段话的实践过程中，学生掌握了复述的要求与方法（不要求字字准确，但重要信息一个不能少），培养了思维的条理性和逻辑性。以策略为导向，以自能为目标，巧搭支架，传授方法，训练能力。吴老师打造出一节高品位的小学语文优质课。

四　内外一体

小学语文优质课注重拓宽课程学习和运用的时间与领域，使学生在不同内容和时空的相互交叉、渗透和影响中丰富积淀、开阔视野。如,在课外运用课内学到的读写方法,进行自主的课外拓展,提高语文学习效率,初步养成现代社会所需要的语文素养。

【教学片段】 苏教版四年级下册《宋庆龄故居的樟树》(2)

师:下面就让我们走进故居去看一看。

(播放幻灯片,师范读课文,适度补充资料,强调整体把握)

师:参观完这个故居,每个地方都值得留念。你有什么疑问呢?

生1:为什么不在房子里面留影呢?

生2:为什么要在樟树前留影?

生3:为什么要怀着崇敬的心情来瞻仰呢?

师:我们只有走近宋庆龄才能知道这些原因。老师介绍三种走近宋庆龄的方式:安娜、罗曼·罗兰以及宋庆龄小故事;上网搜索;借阅图书《宋氏三姐妹》。

【评点】 作业的布置匠心独运,以问题激思的形式将学生引导到阅读发现的路径中,使语文学习的内容饱满起来,空间立体起来,遵循了学生的思维规律和母语学习的规律。教师还重视激发学生广泛的阅读兴趣,以扩大阅读面,增加阅读量,拓宽阅读渠道,积极构建课内外一体化阅读教学模式,大大提高了语文课堂的效率。

苏教版二年级下册《识字8》
第一课时教学理念

一、教材分析

《识字8》是苏教版二年级下册第五组教材中的看图韵文识字篇,是特殊偏旁的识字。教材中两份图表生动呈现了"鸟、佳、月"三个偏旁的演变,并分别说明了同一个事物可以用不同的符号来表示和不同的事物可以用同一种符号来表示。四组词串均配有贴近学生生活的精美图画,图文并茂,是一篇适宜朗读的韵文。第一课时内容安排学习前两行词串及其中四个生字。

本课编排在识字主题单元中,旨在丰富识字形式,增添识字乐趣,揭示造字规律,培养学生自主识写的能力,激发其热爱祖国语言文字的情感。

二、教学理念

根据课程标准要求、识字韵文特点,以及二年级学生的识字学习规律,将两行词串编成生动、短小的童话故事,以小杜鹃找朋友为线索,巧妙地串联整堂课教学:整体感知,寓识于读;自主运用,识写互构;图文结合,字理探究;指导练字,方法归类;巧设练习,读写运用。教学以丰富的识字形式、充分的语言实践、扎实的写字训练,引导学生主动识写,初识基本的造字规律,夯实学生的语文基础。力求在妙趣横生的学习过程中发展学生的识字写字能力,采取识用结合等策略全面提高学生的语文素养。

苏教版二年级下册《识字8》
第一课时教学设计

一、教学目标

1. 运用"加一加"等方法学会"鸦""杜""雕""雁"四个生字,认识"隹"字旁,借助习字格把握生字的关键笔画和间架结构,并能正确、端正地书写。

2. 知道鸟可以用"鸟、隹"两个偏旁来表示,从中领会到:同一个事物可以用不同的符号来表示。

3. 借助插图等,认识并初步了解六种鸟(即理解相应词语),把识字与认识事物联系起来,将爱鸟、护鸟之情自然渗入识写过程中,相机学习语言文字运用。

二、重点难点

认识"隹"字旁("隹"特指短尾巴鸟),能借助习字格把握汉字的关键笔画和间架结构,做到规范、端正、整洁地书写前四个生字。

三、教学准备

学生搜集文中六种鸟的有关资料;教师准备磁性田字格、头饰、习字纸、多媒体课件。

四、教学过程

(一)走近"鸟",激趣导入

播放群鸟共鸣的轻音乐,直入新课,师生同书课题:识字8。

【设计意图】 创设群鸟共鸣的情境,激发学生的学习兴趣。学生强烈的求知欲,就这样在愉快的氛围中被激发了出来。

(二)走进"天堂",快乐识写

1. 整体感知,寓识于读。

师:今天,我们一起走进鸟的天堂,读读《识字8》中鸟儿的名字。

(1)整体感知。

(出示要求:读准字音,读顺词串;读识结合,走进"天堂")

①自主朗读韵文。

②同桌互读互认,从图中找出相应的鸟儿。

(2)用多种形式朗读词串,以难度阶梯状分层检查学生的识读情况。

2. 自主运用,初学生字。

师:鸟的天堂里住着一只美丽的小杜鹃(出示杜鹃的图、词语),小朋友们快和它打个招呼吧!

(1)运用身边资源学习"杜"字,培养学生自主识字的意识。

师:你认识"杜"这个字吗?是怎么认识的?

利用生活识字,培养学生自主识字的好习惯。

(2)运用"加一加"等方法识记"鸦"字,巩固形声字的构字特点。

师:小杜鹃想认识更多的朋友,便飞了出去,很快它认识了两位新朋友,(出示乌鸦、海鸥的图片和词语)一起读读它们的名字。

(生齐读)

师:你了解它们吗?

(生介绍乌鸦、海鸥,师及时点评、鼓励)

师:你运用什么好方法记住"鸦"这个字的?

(3)运用角色扮演,初识"雕""雁":在学生扮演老雕、大雁的过程中,快乐识读生字。

师:杜鹃的老朋友——麻雀(出示图与词),把杜鹃要找朋友的消息告诉了大家。老雕和大雁(出示图与词)听说了,也想和杜鹃做朋友。

师:(拿出老雕、大雁头饰)亲爱的小朋友们,现在你就是老雕、大雁,你会怎么向小杜鹃介绍自己?

【设计意图】 以生动的童话故事——小杜鹃找朋友作为线索,巧妙地串联词语教学,既符合学生的年龄特点,又增添了识写兴趣。通过角色迁移,增强学生的情感体验,提高了学习的层次性、趣味性和学生的参与度,更有利于帮助学生认识、了解老雕和大雁,知道老雕生性凶猛,小鸟不能轻易和它交朋友,借此认知迁移,提高学生自我保护的能力。

3.图文结合,字理探究。

(1)学生自主观察,小组合作探究。

师:小杜鹃认识了这么多朋友,心里乐开了花。(出示两行词串,见下图)一起读读它们的名字吧!

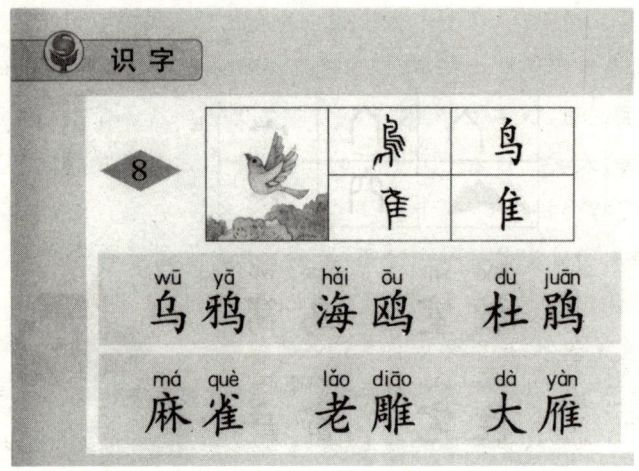

(生分组读,各读一行词语)

师:仔细观察这两行词串,每行词串有什么共同点?

(学情预设:生借助图表,联系词串,发现规律)

①从第一组图表及其词串中发现规律:有"鸟"字旁的字一般都与鸟有关;图与古文字结合,进一步了解象形字的构字特点;板书"鸟"字旁,了解其与"乌"字的字形区别。

②从第二组图表及其词串中发现规律:带有"隹"字旁的字一般也与鸟有关;比较古今文字,了解"隹"特指短尾巴鸟,学习偏旁"隹";运用"换一换"等方法识记"雕""雁"。

(2)前后比较,制造矛盾(认知冲突),引导学生质疑、发现,从中提炼出:同一个事物可以用不同的符号表示。

4.集中练字,方法归类。

(1)出示四个生字,自主观察,重点交流难写的字。

①交流左右结构的字:"鸦""杜""雕"。

借助小魔方,了解"鸦"字的间架结构:左小右大;由"杜"字,巩固"木"字旁的写法,强化"穿插避让字美观";自主发现"雕"字左右等宽的结构特点。

②交流半包围结构的字:"雁"。

重点指导书写"雁"。借助神奇棒,了解"雁"的构字特点:半包围结构,半藏半露。

(2)学生练字,教师巡视指导。

(3)展示评价;评价后再次练字,呈现学生的成长过程。

【设计意图】 落实"让学",引导学生借助图表,了解"鸟""隹"两个偏旁的演变过程。通过自主探究发现规律,并合理运用工具,归类总结生字的结构特点,培养学生的观察、思维、想象等方面的语文学习能力。

(三)巧设练习,夯实读写

1.快乐贴图,以读固识。

师:天很快黑了,鸟儿要归巢。拿到鸟儿词卡的小朋友快带着它们回家吧!

(1)师出示贴图。六位小朋友拿着词卡快乐地"飞"上讲台,将词语贴在图中鸟儿对应的位置。

(2)师生合作朗读小小童话(生齐读六个词语,师朗读其余内容)。

2.创设情境,默写运用。

(1)以小杜鹃写信的方式,让学生入情入境,在具体语境中默写生字。

①师:(播放轻音乐)小杜鹃想把这次找朋友的经历告诉远方的爷爷、奶奶,便给它们写了一封信。可是信中有几个字,小杜鹃不会写,你能帮助它完成这封信吗?(出示信,见下图)

②学生默写信中的四个生字。

(2)学生展示生字默写的情况并配乐读信。师生点评。

【设计意图】 这部分内容巧妙设置了读写训练,让学生在具体的角色中亲历理解与表现,在语文实践中提升识读与书写能力,直接检验学习效果,让识记、理解、感悟、积累、运用与人文熏陶自然融合。

(四)总结延伸,设置悬念

1.总结存疑。

师:今天小杜鹃认识了这么多好朋友,还知道了鸟可以用两个不同的偏旁("鸟"字旁和"隹"字旁)来表示。好学的小杜鹃又在想:两种不同的事物可不可以用同一个偏旁来表示呢?

2.实践延伸。

自选几种鸟,编一编童话故事,与小伙伴分享。

【设计意图】 以存疑的方式结课,激趣启思,前勾后连,隐示《识字8》整体内容的逻辑联系。课后适度的实践延伸,使课内外衔接无痕,充分体现了语文课程的综合性和实践性,拓宽了学习运用语文的时空。

【板书设计】

识字 8

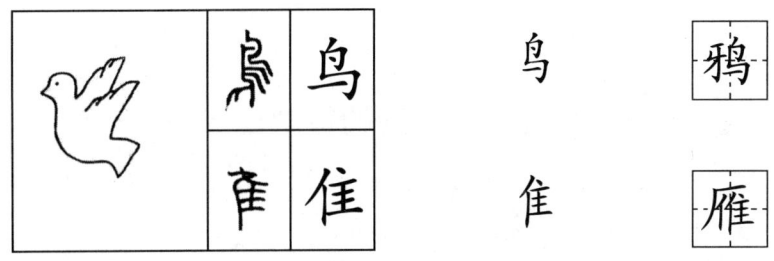

(本课例荣获全国苏教版实验教科书第四届小学语文课堂教学大赛特等奖,张锦标执教,胡晓燕、沈晓莉、彭竹等指导,2013年)

第五章　明确的教学目标

　　这里所述的"教学目标"是指在语文课堂上师生展开的全部教学活动中预期达到的具体要求。明确的教学目标是符合学生实际的具体恰当、切实可行、三维整合、可测可评的，能帮助教师和学生的教与学的行为更加科学合理。只有清楚如何"教"和"学"，才能达到目标，提高语文课堂教学质量。在具体研制教学目标时，教师要力求做到三点基本要求。

一　观照文体，体现课程性质

　　文体就是文章的体裁，是文章作品在结构形式和语言表达上所呈现的具体样式或类别。《语文课程标准》对于不同文体的作品在不同学段提出了具体学习要求。如，在第三学段阅读教学中，阅读叙事性作品，要求学生能够"了解事件梗概，能简单描述自己印象最深的场景、人物、细节，说出自己的喜欢、憎恶、崇敬、向往、同情等感受"。阅读诗歌，要求学生能够"大体把握诗意，想象诗歌描述的情境，体会作品的情感。受到优秀作品的感染和激励，向往和追求美好的理想"。阅读说明性文章，则要求学生"能抓住要点，了解文章的基本说明方法"。阅读简单的非连续性文本，要求学生"能从图文等组合材料中找出有价值的信息"。由此可见，不同文体，有不同的教学目标。这就要求教师针对文体独特的功能和语体特点来设定教学目标。

根据文体的特点与功能，教师可以设计合适的、有个性的教学目标，以便更准确地反映教材编者的设计意图。根据文体不同的表达特点，教师可以指导学生掌握不同文体文章的学习方法，使学生自己能读懂不同文体的文章，逐渐领悟不同文体文章的写法，尝试着学写纪实作文(记事、写人、写景、状物等)、想象作文(运用想象、联想、幻想)，因而有利于学生从学会一篇到会学一类。根据文体特点与功能设定目标，还能充分体现语文课程性质。可以说，语文教学中的诸多问题都和文体问题相关，没有文体，阅读、写作无章可循，阅读、写作教学也不得要领。如，拿到一篇课文，教师首先要判断它是什么样式的一篇文章，是叙事性作品还是说明性作品，是诗歌还是小说等。弄清文体后，可以依据课程标准和文章的表达特点，设定适当的教学目标，并谋划运用哪些学习策略来达到目标。

二 遵循规律，呈现目标序列

遵循学生的认知规律和学习母语的规律，依据课程学段目标，以浅持博，引导学生在学习语言文字运用中进行多元的自我建构。教学目标的设定呈现序列性、差异性和发展性。以阅读教学为例，对小学三个学段进行前后关联比对，梳理各项知识与能力的目标序列，研制教学目标时以此为参照，突出学段语言训练目标。

1. 第一学段加强字词教学

(1)加强识字、写字、学词的教学，字要反复巩固认识，并且每一节课书写时间不少于5分钟。小学阶段要掌握7000～7500个常用词——积极词汇。

(2)进行朗读的最初步的训练——读正确，读准确。(读准字音、变调、轻声、儿化、停顿等。特别对于长句子中的停顿，教师要发挥领读、范读的作用)

(3)抓住少量的重点的词句，指导学生了解重点词句的意思，慢慢掌握了解词句意义的方法。

(4)积累语言(好词、佳句、常用句式或优美的段篇)。语言的积累重在记忆，暂时不理解语言所表达的意思不要紧，学生随着时间的推移，年龄的增长,会自然而然地"博观而约取,厚积而薄发"。

2. 第二学段关注句段训练

(1)继续加强字、词、句的训练,体会词句的表达效果。

(2)重视段(主要是自然段)的训练。抓段意、理清段的叙述顺序、了解构段的方法(写作特点)。

(3)加强朗读,训练默读。养成边读边想边勾画边批注的习惯。

(4)略读课文,要粗知大意。学生要独立阅读,自读自得,整体把握。学习运用"三读法"进行略读:一读,解决字词,互相交流;二读,明白大致内容,要准确概括;三读,就是重点读,抓感兴趣的部分读。

(5)养成读书看报的习惯。教师要带头读书看报,把读书看报作为生活的一部分。

3. 第三学段重视篇章训练

(1)继续进行词句的训练,注重表达效果、体会含义,理解句子的言外之意。

(2)要以文本为例,指导学生准确把握文本内容。如,课文写了一件什么事?概括要准确,不啰唆。这一点要做到课课训练、落实到位。

(3)理清文章的叙述顺序,掌握文章的表达方法,从而习得文章的表达方法。

(4)学习不同文体文章的写法,体现不同文体特点的教法。教会学生怎么读不同文体的文章,怎么写不同文体的文章。

(5)培养浏览文章的能力(浏览即跳读,一目十行地读),这样才能提高阅读效率,提高搜集整理语言文字材料的能力。

三 三维整合,表现过程方法

语文课程目标从知识与能力、过程与方法、情感态度与价值观三个方面设计,三维整体推进,三者相互渗透、融为一体、共同发展。语文课程的基本特点是工具性与人文性的统一,因而设定教学目标要以知识和能力为载体,其他两维融于其中。特别是"过程与方法",应该体现在每一个具体的目标中,便于教师把握自己所采用的教学策略,益于教学实施与评价。

以下是苏教版二年级下册《会走路的树》教学目标：

①学会本课的九个生字，借助偏旁识记"晨、送、路"，随文学习"奇、陪"，规范、端正书写"趣、奇、陪"。

②学习正确、流利、有感情地朗读课文。借助标点符号，联系生活，展开想象读好对话，练习分角色朗读课文。

③结合生活实际理解"好奇"和"陪"的意思，积累词语，并在了解内容的基础上产生喜爱驯鹿和小鸟的情感，感受朋友之间真挚的友情。

教师在设计教学目标时将三维整合，从操作层面强调了课堂教学的重点内容，又融入了方式方法、学习路径、语文能力以及"情感态度与价值观"渗透点，文字的呈现形式也是融合在一起的。这节课的三维目标自然地交汇成一个复合体，三个目标都策划了"过程与方法"的维度，具有较强的操作性，潜移默化地影响着学生语文素养的整体发展。由此可以预测，这将是一节生本高效的语文课堂。

教学目标蕴藏着课堂教学最重要的信息：教师有什么样的教学理念，教学内容安排合理与否，教学策略选择合适与否，工具性与人文性是否高度融合，等等。只有立足学生全面发展，设定三维整合的明确、具体、恰当的教学目标，才有可能走进小学语文优质课。

人教版二年级下册《玲玲的画》
教学目标的设置

一、教材分析

《玲玲的画》是第七单元的第一篇课文，单元主题是"要正确看待问题，善于思考"，课文内容贴近学生的生活，主题鲜明，情节简单，道理深刻。故事主要通过人物对话展开，描述了玲玲准备参加评奖的画不小心被弄脏，没时间重画，急得哭了。后来在爸爸的启发下，她开动脑筋，在弄脏的地方画了一只小花狗，不仅巧妙掩盖了污渍，还给作品增添了几分家的温馨。

本文的编写意图是让学生在学习识字、写字和朗读等过程中,体会玲玲情感的变化,品悟爸爸简短话语中蕴涵的深刻道理,初步获得积极乐观的人文熏陶,知晓只要善于思考,劣势也可能转化为优势的道理。

二、教学目标

1.运用随文识字、生活识字等方法识记"玲"等八个生字,分类观察,练习书写"糟、楼、梯"和"肯、脑、筋"等九个字。

2.学习正确、流利、有感情地朗读课文。借助标点符号,联系生活,展开想象朗读。练习分角色读出人物对话时恰当的语气和表情,感悟积累对自己有启发的句子。

3.抓重点词句理解课文,懂得生活中只要肯动脑筋,坏事也能变成好事的道理。

【评点教学目标】 案例中的教学目标彰显了低段语文教学和学生的特点,找准了学习方法的运用点,合理安排识字、写字、朗读、品读等学习内容。从以上三个目标可以看出,教师心中有"过程与方法",非常重视学法指导与方法运用。如,精心设计运用随文识字、生活识字、归类识字等方法识写生字,在目标层面上盘活了课程内容。

人教版二年级下册《玲玲的画》
教学设计

一、设计理念

准确把握第一学段语文学习的重点,合理安排识字、写字和朗读活动,引导学生运用随文识字、生活识字、归类识字等方法,采取抓主线理思路、抓重点悟内涵等策略,学习和运用语文,在读中理解、读中感悟、读中积累、读中交流,让语言习得与人文熏陶和谐统一,让学生夯实语文基础。

二、教学目标

1.运用随文识字、生活识字等方法识记"玲"等八个生字,分类观察,练习书写"糟、楼、梯"和"肯、脑、筋"等九个字。

2.学习正确、流利、有感情地朗读课文。借助标点符号,联系生活,展开想象朗读。练习分角色读出人物对话时恰当的语气和表情,感悟积累对自己有启发的句子。

3.抓重点词句理解课文,懂得生活中只要肯动脑筋,坏事也能变成好事的道理。

三、教学重点

1.随文识字,分类指导书写"糟、楼、梯"和"肯、脑、筋"等字。

2.朗读课文,分角色读出人物对话时恰当的语气和表情。

四、教学难点

运用抓重点词句的方法理解课文内容,体会玲玲的爸爸最后说的一段话的含义。

五、课时安排

2课时。

六、教学资源准备

教师制作课件。

七、教学过程

第一课时

(一)猜画入课,学写"玲"字

师:小朋友,老师给你们带来了一份小礼物。看,是一幅画!

(1)课件出示文中的插图。

师:猜猜画中的两个人是什么关系。

(2)根据学生的回答,教师引出画中人物:玲玲和她的爸爸。

预设:请姓名中有"玲"字或者亲友中姓名有"玲"字的同学上台教大家识记"玲"字;注意读准后鼻音;指导学生写"玲"字时提醒:"玲"字右边是"令",不是"今"。

师:这幅画有个怎样的故事呢?让我们一起来学习第25课《玲玲的画》。

(3)完成板书,写"画"时提醒学生第一笔横要写短一些。齐读课题。

【设计意图】 以猜画的形式导入新课,既能激趣,又能让语言和思维同时得到发展。利用生活资源学习"玲"字,丰富了语文学习的内容,强化了主动识字的意识。

(二)猜读入文,识写互促

1.猜读课题。

联系单元导读和插图,围绕课题,猜猜课文主要是写什么的。预设:

内容1:主要写玲玲怎么解决画画时碰到的难题的。

内容2:主要写玲玲画画时碰到问题,经过想办法,最终解决了。

2.自读课文。

课件出示初读课文的要求与方法。

要求:边读边圈画生字新词,并标出自然段序号。

方法:借助拼音读准字音,难读的地方多读几遍。

3.自主比照。

看看猜读内容与课文有多少是吻合的,在相应的地方画"☆"。

4.检查自主识字情况。

(1)课件出示带有生字的语段,指名读句子。

相机正音,重点关注:幅(fú);叭(bā);催(cuī),是平舌音;筋(jīn),是前鼻音。"脏"是多音字,文中读"zāng",另一读音为"zàng",如"心脏"。

(2)点击语段中的新词,课件出示,开火车读。

(3)小组游戏"连连看":帮偏旁和相应的生字连线,再互读互听,巩固字音。

(4)同桌交流自主记字的方法(熟字换偏旁、生活识字、编儿歌、猜字谜等)。

5.指导写字。

(1)指导归类观察生字。课件出示两组生字,引导观察生字的特点。

预设:第一组七个左右结构的字,都是左窄右宽;第二组两个上下结构的字,都是上短下长。

(2)指导书写"糟、楼、梯"和"狗"。

①重点指导"糟",观察辨析:同样是"米",在"糟"字中捺变成了点,在"楼"字中捺却没变。点击课件"糟"字右半部上边部件,出示笔顺,师生同步书空。

②请学生注意观察"楼"字右半部,"女"的横画要长。复习"木"字旁的书写方法。

③教师示范书写"狗"字,强调"犭"第二笔的书写。

④提炼写字方法。左右结构要穿插避让,左窄右宽要左收右放。

(3)学生做手指操(有视频,见课件2)。

(4)点击课件左中部,学生练写"叭、玲、狗、糟、楼、梯"。教师巡视指导。

(5)学生自荐上台,实物投影展示其所写的字,同学评议。

【设计意图】 有依据的猜读既唤醒了阅读期待,又调动了思维的积极性。教师从中了解学生的所思所想,顺势在自主识写、分类辨析的过程中提炼学法,潜移默化地培养学生归类学习的习惯。

(三)朗读课文,体会感情

1.指名轮读课文,做到读准读顺。

2.边读边想。

默读课文,思考:玲玲画画时遇到了什么问题,有什么反应?

3.全班交流,读中悟情。

(1)画好作品,体会"满意"。课件出示句1。指导学生用做动作的方法理解"端详"的意思(认真仔细地看),体会玲玲愉悦的心情。指名表演朗读。

(2)弄脏作品,感受"着急"。课件出示句2。指导学生朗读,抓住"叭"和"哇",创设情境,体会"难过",读出描写事情突发后玲玲紧张而着急的情形的句子。

(3)巧改作品,比悟"满意"。课件出示第八自然段。指导学生朗读:玲玲为什么满意地笑了? 课件出示:读一读,比一比,比较前后两次的"满意",体会玲玲的心情。

预设:玲玲后一次的"满意"之情更强烈。

(4)梳理感情,整体把握。课件出示:整体梳理。指名接读句子,梳理玲玲的感情变化。相机完成板书:满意──→难过──→满意。

【设计意图】 抓重点词句入情入境地读,让语言文字从抽象的符号存在转化为具体的生活感受。通过对前后两次"满意"的比较,学生能够潜入文字,准确地品悟出前后两次"满意"所蕴涵的不同情感。通过梳理玲玲的感情变化,既抓住了情感主线,又注重了整体把握。

(四)积累巩固,提出问题

1.练读课文,并选择重点词语,抄写在积累本上。

2.存疑:玲玲前后两次的"满意"之情为何不同?我们下节课将继续学习,解决这个问题。

第二课时

(一)温故知新,听记同步

1.听写。

(1)词语:"玲玲、楼梯、小花狗、叭叭直响、乱七八糟"。

(2)句子:"只要肯动脑筋,坏事往往能变成好事。"

2.根据学情,指导书写。

(1)课件出示:肯、脑、筋。指导观察比较,发现同样是"月",在"脑"字中瘦而长,在"筋"字中变得瘦而短,在"肯"字中又把撇变成了竖。

(2)提炼练字方法和写字要诀。点击课件中间按钮出示。学生练字,教师巡视指导。

3.展示。

展示同一学生听写和练字的两幅书写作品,在比较中体验成长。

【设计意图】 听写是培养学生听记能力的重要方式。教师借此了解学情,再有针对性地指导并提炼,使学生习得了书写的基本技巧,强化了练字效果。

(二)紧扣重点,读悟并举

1.在文中找出对话的内容,画一画,读一读。

(1)指导朗读,读中感悟。

①爸爸为什么催玲玲快去睡觉?体会并练读,读出爸爸对女儿的疼爱。

②爸爸为什么不直接告诉玲玲画什么呢?(爸爸相信玲玲通过认真思考,能够自主解决问题。爸爸这么做,对玲玲的成长更有帮助)

③指名朗读第五、七自然段,读出爸爸的关切与冷静、沉稳与智慧。

(2)想象补白,读说结合。

师:玲玲想了想——她在想什么呢?

①学生想象说话。预设:玲玲想,弄脏的地方不正像我家的小花狗懒

洋洋地趴在楼梯上吗?对,就在这儿画上小花狗。

②指导朗读第八自然段,体会玲玲通过动脑筋,想办法解决问题后的"满意"心情。前后同是"满意",意义不同,情感得到升华。

2.借助导读,感悟文旨。

(1)课件出示单元导读和插图,找到文中对应的段落。指导朗读第九自然段,读出爸爸高兴的语气。

(2)课件出示:

> 小组讨论:谈谈对爸爸说的这几句话的理解。

学生讨论,教师巡视,适时加入讨论。

(3)学生交流。

预设:我们要正确看待事情,不能把暂时没有做好或不小心做错的事情都看成是坏事,因为好坏可以转变。面对不好的事情,我们不能惊慌失措,要沉着冷静,想办法弥补,积极解决。

结合语境,理解"坏事"不是指违法乱纪之类的坏事,而是指做得不尽如人意的事情。

3.引读第十自然段。

教师引读:看,事情终于有了好的结果。

学生齐读。

【设计意图】 在层层递进、环环相扣、步步深入的阅读活动中,充分发挥单元导读的功能:以单元导读为支架,使学生准确品悟到文章的中心思想,从而增强学生利用学习资源的意识。

(三)回归整体,读写结合

1.同桌练习分角色表演读课文。

2.朗读展示。

(1)推荐分角色朗读,同学互评。

(2)师生合作朗读。男生读爸爸的话,女生读玲玲的话,教师读叙述部分。

3.联系生活说经历。

师:生活中,你遇到过这样的事吗?跟大家说一说。

学生交流,简评。

4.心香一瓣写真话。

师:请你对玲玲、玲玲的爸爸或自己,写写心里话。

(1)学生写话,教师巡视并提醒学生:提笔即练字。

预设:玲玲,你真是个做事认真、爱动脑筋的好孩子!看,在爸爸的启发下,你自己想办法,巧妙解决了画画时碰到的难题。多棒啊!我要向你学习!

(2)交流评价。

5.教师总结:思考是多么美好、诱人而有趣的事!思考,让我们能量增强。小朋友们,在以后的生活和学习中,要善于思考,积极主动地解决问题。

【设计意图】 学生在具体的角色朗读中亲历理解与表现,在真实的生活交流中转化积淀与表达,在读写迁移中提升语用能力,让工具性与人文性高度融合。

(四)总结延伸,内外结合

1.背诵爸爸的话,并认真抄写下来,旁注感言。

2.课外阅读《聪明的法蒂玛》(见人教版二年级下册《同步阅读》)。

【设计意图】 本作业设计强调课内积累,课外延伸,让学习语言文字运用历经先"由外到内"再"由内到外"的实实在在的过程。

【板书设计】

25 玲玲的画

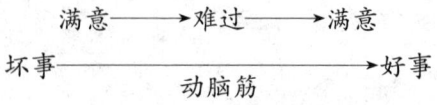

(胡晓燕)

 第六章　精当的教学内容

语文课程与其他课程最大的区别就是教材内容不等于教学内容。这不是否定语文教材的重要性，而是为了说明语文教材的解读难度更大，点出精当的教学内容对于语文课堂教学质量至关重要，为了帮助教师准确理解语文课程、课程标准、语文教材与语文教学之间的关系。应该说，语文"教什么"的问题是一个深层次的理论与实践问题。它的长期存在反映了语文教学复杂性的客观现实，也说明现在有更多语文教师的课程意识增强了。这个问题解决的价值在于推动语文教学核心问题的深入探究，从源头提高教与学的质量。

一　重视科学解读教材

不可否认，教材仍然是学生学习语文的最重要的载体，所以教师必须科学研读语文教材，用好教材这个"例子"，这样才能选出精当的教学内容，提高语文课堂教学质量。正如《语文课程标准》中这样建议教师："应认真钻研教材，正确理解、把握教材内容，创造性地使用教材。"

1. 研读要求

教师要准确、科学地把握教材，密切联系学生生活实际和已有的知识经验，创造性地合理整合、提升、深化教学内容。研究教材，读懂、读透教材是精准选择教学内容的前提。读懂,就是正确理解教材内涵,准确了解教材在语文学习中的功能及其语言文字运用的特色;读透,就是能准确把握重点、难点,能深入浅出,化难为易。教师备课时要从学生实际出发,根据学生已有的知识基础、能力实际、习惯情况来组织教学内容,聚焦重要信息和学生"不会"或"不懂"的内容。

2. 研读方法

拿到一篇课文,教师首先要问问自己:我用这篇课文要教给学生哪些语文的东西,对提高学生理解和运用语言文字的能力有什么帮助?理解,首先是理解课文内容,其次要理解呈现在我们面前的语言文字(形式)。思考体悟:作者为什么要这样写,而不那样写?作者运用哪些表达方法?这样写的好处是什么?可以结合教材中的随文练笔类的练习内容进行研读。理解和运用是一个整体,不要把理解和运用割裂开来,要让学生在课文的字里行间体味祖国语言文字运用之精妙,并引导学生学习运用。

总之,科学研究教材,从教材中挖掘语言文字训练的要素,是确定语文教学内容应遵循的准则。

二 明确语文教学专务

明确语文教学专务,分学段有梯度地合理安排学习内容,重视听说读写训练,适度增加随文练笔的设计,且要用得恰当而有新意。

1. 培养语文能力

语文能力包括识字写字能力、阅读能力、写作能力、口语交际能力等。使学生通过听说读写训练获得语文能力,是语文课堂教学的核心专务。

小学阶段听说读写的基本要求如下:

听:专心、耐心地听别人讲话,能抓住要点理解内容,能提出疑问与人讨论。

说:能用普通话清楚、完整、具体地说明白自己的意思;听话、说话时要注意文明礼貌。听说训练方式多样,包括听讲、朗读、复述、答问、讨论、口述作文等。在学生听说实践中,指导怎样听、怎样说,逐步提高听说能力。

读：能用普通话正确、流利、有感情地朗读课文，注重朗读的多样性与层次性；能比较熟练地默读课文，读中体会、揣摩文章的表达方法；能背诵或复述指定的课文内容；能读懂适合小学生阅读的书报。

写：练习把自己看到的、听到的、想到的内容或亲身经历的事情，用恰当的语言文字表达出来。注重围绕一个意思写完整、写具体，做到语句通顺，书写规范、端正，力求行款整齐，并能做到正确使用常用的标点符号。

小学语文教学专务是在学习语文基础知识和基本技能的过程中，培养学生的语文能力。换句话说，小学语文教师要培养学生扎实做到"五好"，即读好书、写好字、说好话（与"会倾听"互构）、作好文、做好人。

2. 养成良好习惯

良好的学习习惯是学有成效的不可缺少的重要素养。培养良好的学习习惯是小学语文教学的专务之二。教师按照各年级的教学要求，逐步培养学生的自学能力。着重培养学生认真读书、认真思考的习惯，态度认真，"双姿"（坐姿、执笔姿势）正确的书写习惯，预习、复习的习惯，查字典、用工具书的习惯，留心观察周围事物的习惯，独立完成作业和检查作业的习惯，边听边想、先想后说的习惯，勤动笔、乐表达的习惯，等等。教师要高度重视并一以贯之地培养学生的良好学习习惯，善于启发引导，使学生明白养成良好学习习惯的意义，在分阶段、重整体、循序渐进的过程中持之以恒地训练。

3. 领悟表达方法

语文是语言类课程，语文学习最重要的是积累语言、运用语言。语文教学专务之三是让学生学会"言意兼得"，即不仅要把握文章的内容，知道文章写了什么，而且应学习文章的语言，知道文章是怎么写的。在阅读过程中积累好词佳句，学习作者的表达方法，如，常见的修辞方法，遣词造句的方法，常用句式，构段的方法，叙述、说明的方法等。

4. 掌握语文学法

语文教学专务之四，是为学生提供足够多的语言操练和运用的机会，使学生掌握语文学习的方法。

首先是掌握不同文体的阅读方法，包括怎么读记叙文，怎么读说明文、怎么读诗歌、散文等。如,古诗词特别重意象和意境,阅读时就要靠感性的想象,把学生带入诗歌的情境,边读诗歌边想画面。再如,概括课文主要内容的方法,不同的体裁有不同的规律,教师要善于提炼这些规律,比如一般的文章抓"六要素"法,写景的文章抓游览的线索(移步换景),写人的文章抓典型事例和人物特点,等等。另外,还可以运用分意义段和画结构图的方法。

其次是加强阅读技能的训练,如精读、略读、浏览这三种阅读,它们的目的、功能有所不同。精读,边读边想边圈画边批注是最基本、最重要的方法,重在培养阅读理解能力,要对文章从内容到语言到写法进行比较全面的把握,从中习得阅读方法。略读,是粗略的、不进行深究的阅读,旨在通过较快的阅读,粗知文章大意,重在运用精读获得的方法。浏览,指大略地看,主要功能是根据需要搜集信息。浏览技能重点在第三学段培养。要教会学生有目的地、带着任务进行浏览,要逐渐提高浏览的速度,学会一目十行地读,要培养捕捉有用信息的能力。在阅读教学中,以训练精读为主,训练略读、浏览为辅;要有意识地通过整合资源、扩大阅读量,把精读、略读、浏览结合起来进行训练。而在课外阅读中,略读、浏览就派上了用场。

语文教学专务应该是语文课堂最需要教的内容。

三 精心整合教学内容

课堂时间是有限的,特别需要教师精心整合,优选教学内容,提高课堂教学效率。

1. 整合要点

整合内容时要关注三个要点:一是语言训练点。字、词、句、段、篇,各个学段的要求不一样。不同的学段,语言训练内容安排与程度要求不同。二是方法习得点。整合内容时必须要有学法指导,课堂学习需要大力加强学习策略指导,比如读写方法、图像化的策略、知识的前勾后连、自我监控的意识等。三是能力培养点。通过课堂学习内容,培养学生听、说、读、写、思、问的能力。

2. 整合方法

整合教学内容要抓大放小，学会取舍。整合教学内容的方法是：和课程标准对话，看这个学段的语文教学主要该做什么；和编者对话，看这篇文章放在这里主要起什么作用；和学生对话，看学生的学情是怎样的，学生最需要学什么。如果不易把握，可以按照教科书的单元导语、课后练习题和语文园地中相关栏目的提示等来确定教学内容的选择。

教师应在较高层次上把握语文知识结构，整合内容，避免不必要的内容重复或由于疏忽造成的知识遗漏，使学生在有限的时间里获得更多的信息，从而提高教学效率。这是一种重要的由"个"及"类"的组块过程。用"类"的联结与理解代替"个"的记忆与积累，有利于学生掌握规律性知识，形成"上位观念"。学生再以此为固定点或联结点，去学习同化新的知识，真正实现"举一反三""触类旁通"，在语文学习中化难为易，大大提高了学习效率。

3. 合理分配

根据学段目标及语言文字运用特点、学生可接受程度，合理安排课时内容。以阅读教学为例，根据不同学段的阅读目标，安排第一课时的内容，大致如下：

第一学段的第一课时，通读课文，解题审题，学习字词，了解层次，粗知大意，整体感知，为深读课文打好基础。主要内容是读好书，写好字，丰富语言积累。

第二学段的第一课时，可以把"整体感知，文脉梳理，内容概括"作为重点的教学内容。还可以结合具体文本特点，有针对性地选择部分典型内容展开教学，确保教学实效。

第三学段的第一课时，可以在第二学段的基础上加入"大致了解文体特点，精读感悟，初步领会文章的表达方法"等内容，以确保教学达标。谨防教学内容中段化，甚至低段化，否则将会严重影响小学语文教学质量。

当然，小学各学段的第一课时都要重视字词教学，注重指导写好字，只是教学侧重点与处理方式不同，教师应对此加强研究。另外，课时内容划分受学情影响较大。从这层意义上看，第一课时与第二课时没有绝对的界限,因此,教师更需要打破固定的思路和僵化的认识。

此外,教学内容安排要考虑到每课时的容量适度,所选内容要有利于实现教学目标。在预备充分的基础上,要注重教学过程中内容的生成与拓展。

附:

笔者2013年5月参加了"2013中国小学语文特级教师高端论坛"。会上,大家通过讨论,对语言文字运用年段的特点达成了共识,陈先云理事长进行了梳理。现提供给大家参考(如下)。

第一学段语言文字运用特点:

(1)重在激发兴趣,培养习惯,保护儿童的天性。

(2)重点做到五好:识好字,写好字,学好词,读好文,写好话。

(3)识字、写字、学词学句重在方法的学习与指导。

(4)字词训练要抓住关键点,即对阅读理解有帮助、有启发,可以迁移运用的训练点。

(5)字词、句式的理解与运用,要打开学生的思路,注重联系学生的生活经验。

(6)阅读教学要突出读、说、背、动四要素,尝试多种形式的朗读;积极引导学生,使学生想说、敢说、能说;鼓励学生背诵、积累有价值的内容;重视在活动中、游戏中学习。

第二学段语言文字运用特点:

(1)重视围绕听、说、读、写开展语文教学活动。听:养成倾听的习惯,能提出疑问与人讨论;说:说清楚,说完整,说具体;读:注重朗读的方式与层次;写:注重围绕一个意思写完整,写具体。

(2)开始以段为重点,逐步向篇章过渡,渗透一些篇章的写法。

(3)逐步树立训练意识,重视从文本中发现、挖掘语言文字的训练要素,训练要素宜小不宜大。

(4)增强学生的主体意识,重视提供一定的时空让学生主动学,以提高学生自主学习的能力。既要保证学习的"趣",还要不断提升学习的"质"。

(5)了解学生的已知,取舍学生的未知,激发学生的想知,引导学生的须知。

(6)加强语言积累,促进文本语言内化为学生的语言。

(7)提升教师的课堂语言质量,为学生提供语言典范。

第三学段语言文字运用特点:

(1)挖掘、提炼文本蕴涵的核心价值内容,找准语言文字运用的切入点,学会取舍,一课一得。

(2)加强体会、揣摩文章表达方法的学习,注重读写结合。

(3)不断增强篇章意识,注重文本的整体性,明确重点是什么、难点是什么。

(4)语文学习要"言""意"兼得,要通过语文实践活动来得言、会意。

(5)注重语文学习的开放性,在生活和大自然中学语文、用语文,不断扩大学语文、用语文的领域。

(6)注意综合运用小学阶段掌握的阅读、习作的方法,提高阅读、习作的能力。

人教版六年级上册《别饿坏了那匹马》
教学内容的选择

一、教材分析

这是一篇略读课文,语言质朴感人,情节起伏有致,能叩启心扉,照亮灵魂。不得不承认,感动具有一种尚善向美的强大力量。全文顺着"别饿坏了那匹马"这善意的谎言被揭穿的过程,娓娓讲述这样一个故事:酷爱读书的"我"在失去看书机会时,摆书摊的残疾青年谎称家中有马,买下马草,让"我"继续看书,之后"我"意外得知真相,甚是感激。课文展现了一群普通老百姓的美好心灵。本文描写平实细腻,主要通过人物的言行、神态和心理描写,表现人物品质。

编写本文的意图是:通过了解故事内容,感受残疾青年的良苦用心和一群百姓的美好心灵,体悟"我"的感激;进一步领会通过对人物语言、行动、心理等方面的描写,表现人物品质的写作方法。

二、内容选择

基于"生""本"特点和学段要求,精心选择教学内容,如,理解课文内容及其表达方法(包括语文学习策略),都是本课的教学内容,而略读是一个很好的先行组织者。具体的教学内容安排如下。

学生运用已有经验与方法充分自主阅读课文,如,运用联系上下文、移情体验等方法,在读中理解故事内容,体会残疾青年的良苦用心和一群百姓的美好心灵,达成与作者的精神互动,让学生内心注满喟叹又不止于喟叹的对美好的感动。在读懂课文内容的基础上,驻足品悟简朴而精妙的文本语言,运用读写迁移等方式学习作者通过人物语言、行动、心理的描写,表现人物品质,抒发真情实感的写作方法。通过优选教学内容,实现内容与形式互构、方法与情智共生的语文课堂。

人教版六年级上册《别饿坏了那匹马》教学设计

一、教学目标

1. 抓住"依然宽厚""先是一愣,继而眼睛一亮""拼命地摇着轮椅"等关键语句,深入理解课文,读懂残疾青年的良苦用心,体会"我"的感激之情。

2. 抓住细节进一步领会课文通过人物的语言、行动、心理的描写,表现人物品质的写作方法。

二、教学重点

1. 通过有感情地朗读,表现文中普通百姓的美好形象。

2. 领悟通过人物的语言、行动、心理的描写,表现人物品质的写作方法。

三、教学难点

通过设身处地地想,体会"别饿坏了那匹马"的深层内涵,及其表情达意方面的作用。

四、课时安排

1课时

五、教学资源准备

学生预习;教师制作课件。

六、设计思想

本课教学找准略读课文迁移运用的关键节点,落实"精""略"对接,充分发挥出学生的主体作用。学生在自读自悟的基础上讨论交流,层层深入课文内涵,获得解决问题的路径与方法,用心灵感受这一群普通老百姓的美好品质。重视"自觉运用"语言文字的意识和习惯的培养以及方法的指导。学生依据课文内容积极表达自己的所感所想,实现读写有效互动,扎扎实实训练语文能力,真真切切提高语文素养。

七、教学过程

(一)预习达标,整体感知

1. 直入新课,齐读课题。

教师板书课题,学生读课题。

2. 检查预习,了解学情。(点击课件,出示"预习闯关")

---

(1)第一关:给带点的字选择正确的读音,用横线表示。

  瘦削(xuē xiāo)   瞥(piē piě)见

  挣扎(zhā zhá)   枯蔫(niān yān)

(2)第二关:读读记记四字词语。

  流连忘返 溜之大吉 忐忑不安 一如既往

  怒目圆睁 不由分说 刻骨铭心 十指连心

(3)第三关:用简洁的语言说说课文写了一件什么事。

(板书:"我" 酷爱读书 残疾青年)

3. 速读全文,理清文脉。

学生画出提示时间的词句,并找到关键时间,据此理清文脉。

预设学生交流情况。

关键时间:"我上小学五年级那年""当时""从此""有一天"。

第1~2自然段为第一段,第3~9自然段为第二段,第10~18自然段为第三段,第19~27自然段为第四段。

【设计意图】 以预习闯关的形式了解学情,既注重培养好习惯,又让语文学习趣味盎然,还能准确找到学生的最近发展区,做到以学定教。概括大意,梳理文脉,看似常规,但着眼于整体,依循学生学文的需要,将训练落到实处。

(二)由题启思,循思悟文

1.师:根据预习,围绕课题,你能提出什么问题?

质疑预设:

(1)残疾青年家里没马,为什么要说"别饿坏了那匹马"?

(2)课文几次写到"别饿坏了那匹马",用意是什么?"那匹马"有其他解读吗?

(3)课文为什么以"别饿坏了那匹马"为题?

2.自主阅读,多元交流。

点击课件,出示自读提示:

> 带着问题自读课文,边读边想:残疾青年是在什么情况下撒谎的?为什么撒谎?在文中圈画批注。

(1)学生自读,教师巡视,读后交流。(以生生交流为主)

句1:他先是一愣,继而眼睛一亮,笑着对我说:"过来,让我看看你的马草。"他认真地看过马草后,冲里屋叫道:"碧云,你出来一下!"

交流预设:从中读出残疾青年的大智大爱。句子具体写出青年知道情况后做决定的经过。"愣"字表明青年突然明白马草不好卖。"眼睛一亮"表明他想出既能帮助"我"又不易让"我"发觉的主意:编一个善意的谎言。这段言行与神态描写烘托出青年的良苦用心。

(板书:良苦用心)

句2:"别别别……"他急了,"碧云!碧云!"他用双手拼命地摇着轮椅,想挡住我的路,"你放下!等碧云来拿!"

交流预设:联系下文,我们知道青年着急的原因。"我"一旦走进院子,就会看到那堆枯蔫焦黄的马草,谎言就会被揭穿。突出表现青年撒谎是为了呵护"我"的自尊,是对"我"的真心爱护。

(2)指导朗读,移情体验。

点击课件,出示:

> 可是迟了！我已经走进他家的后院,看见了一堆枯蔫焦黄的马草——这些日子我卖给他的所有的马草!那匹马呢?那匹香甜地吃着我的马草的马呢?

指导预设:现在,你就是文中的"我",得知真相后,会有什么样的感受呢?请通过朗读,表达出你的真情实感。

交流预设:两个感叹句和两个问句有力地表达出了"我"见到马草后的震惊与感激。

(破折号起到注释说明的作用,强调"我"卖给青年的马草全部都在)

【设计意图】 读书时从课题开始研究,直击要点,优化整体。带着问题去读书,是有效阅读的重要策略。充分地默读,有感情地朗读,让学生潜入文字,移情体验,直抵灵魂。

3.解决学生质疑的问题。

点击课件,出示解疑提示:浏览全文,圈画文中写到"别饿坏了那匹马"的语句,标注数字序号,前后联系起来读,设身处地地想其用意是什么。

(1)点击课件,出示文中三次写到"别饿坏了那匹马"的语句。

预设学生交流的内容。

①第一次是残疾青年说的话,看起来是对自家马的关心,不让它饿着,实为免去"我"寻找买主的辛苦,让"我"把时间花在读书上。

初步解决第一个问题。

②第二次仍是残疾青年说的。这次是暗示妹妹不要拒绝买这无用的马草,更是为了让"我"心安理得地看书,很好地维护了"我"的自尊。

解决第一和第二个问题:深入理解谎言的善意。

(板书:善解人意)

从另一个角度去理解"那匹马":残疾青年知道"我"爱读书、有志向,是匹"千里马"。他不想让读书读得如饥似渴的"千里马"饿坏了。(视学情,酌情处理)

③第三次是"我"说的。心怀感激的"我"一心不让青年家的马饿坏了。"我"认为:关心马,就是对青年关心"我"的一种回报。

(2)为什么以"别饿坏了那匹马"为题?

解决第三个问题:"别饿坏了那匹马"是推动故事情节发展的关键句,它在文中出现三次,贯穿全文,起到层层推进的作用。

这句话折射出残疾青年的大智大爱。以此为题,真好!

【设计意图】 体会三处"别饿坏了那匹马"的不同用意是教学重难点,此环节引导学生循思读文,抓住关键节点释疑解惑,培养学生解决问题的能力。这也是整体回顾与提炼,让学习有的放矢,提高了阅读质量。

(三)文情互动,意言兼得

1.辐射群体。

师:我们读出了"别饿坏了那匹马"的言外之意、言中之义,读到了残疾青年的善良与宽厚。还读到了哪些人的美好品质?

师:(预设学生的汇报)我们还读到了"我"的知恩图报(板书:心怀感恩),父亲的善良,碧云的善解人意。

学生有感情地朗读,并交流作者是怎么写的。(板书:言行 心理)

师:(提炼)本文语言简朴,主要通过人物的言行、神态和心理描写来展现人物美好心灵。我们要学习运用这样的写法。

2.读写互动。

(1)创境导写。(点击课件,出示"心香一瓣表真情";再点击界面中间,配有轻音乐)

> 推开木板房的门,"我"简直不敢相信自己的眼睛!"我"看到了一堆枯蔫焦黄的马草。"我"仿佛又听到残疾青年说:"坐下慢慢看吧!""别饿坏了那匹马,好吗?"……
>
> 这一刻,"我"会想些什么呢?请发挥想象,将"我"此时的心理活动写下来。

学生书写感受,教师巡视指导。

(2)学生展示练笔。

师:(提炼)学习语文就应该这样,要乐于用语言文字把心中的感受表达出来。

【设计意图】 由残疾青年辐射一群普通老百姓,集中表现了他们的美好品质,达成"言""情"和谐同构。学习写作方法,适时捕捉文本空白,进行读写迁移训练,不仅能帮助学生拓展思维,还能帮学生深化理解和感悟,让学生的心灵变得更加柔软,从而实现了语言内容与形式的同构共生。

(四)总结提升,拓展延伸

1.学生自主总结。

结合板书,梳理学习收获:对课文内容的理解,读懂内容的方法,表现人物的写法。

2.布置课后作业。

运用已掌握的阅读方法,阅读短文《教师节的康乃馨》(见人教版六年级上册《同步阅读》),或阅读短篇小说《最后一片叶子》,圈画批注给你印象最深刻的句子,思考为何会留下深刻的印象。

3.结课。

点击课件,出示名人名言(师生齐读):

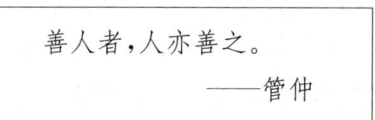

善人者,人亦善之。
——管仲

【设计意图】 语文学习必须注重课内外结合,本作业设计强调课内积累,课外延伸,拓展学生的语文学习时空,使阅读从课内走向课外,为学生的一生幸福奠下基础。

【板书设计】

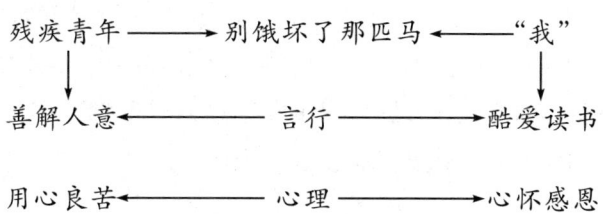

(胡晓燕)

 **第七章 得当的教学方法**

  教学方法是教师和学生在教学过程中,为了实现教学目标、完成教学任务而在师生共同活动中采用的方法。教学方法是否得当直接关系着课堂教学的成败、教学效率的高低。由于学习内容的不同,文本体式的多样,学生个体的差异,教师须选择得当的教学方法,提高课堂教学质量。

一 指导法:有扶有放有支架

  指导法是教师根据教学需要,运用各种教学方法与策略指导学生学习,帮助学生通过自主学习获得知识、发展能力的教学方法。仅仅告诉学生怎样学习,并不是发展学习能力的最佳方式。学生真正需要的是活动(情境)、问题和策略。他们可以运用知能技法,诸如比较和对照、注意前因后果以及归纳总结等,来优化自己的程序性知识和策略性知识。学生学习时若遇到困难或问题,教师应及时提供支架,同时关注学生运用方法的过程是否科学有效。笔者以阅读教学为例,分三阶段呈现有扶有放有支架的教学方法。

1. 初读阶段

  学生是阅读的主体。只有让学生自主潜入文本触摸语言、感受语言、积累语言,才能使他们增强初读内动力,提高学习有效性。

(1)质疑猜读。学生在着眼整体,了解课文"写什么"的前提下,梳理脉络;然后参读课后思考题,循题而读思,多问几个"为什么""怎么样";接着对文中的人物、事件或语言形式等进行质疑。学生依据文本的语言文字进行推想猜测,并将猜读结果与后面的学习内容相比较,可以调动思维的积极性,提高初读品质。

(2)自读笔记。学生使用统一的学习笔记本,首先把文中的精彩片段、妙词佳句、成语格言等分类摘抄下来,要求形式规范,及时背诵,养成有条理地积累语言素材的习惯。其次把百思不得其解的问题及时记录下来,以备讨论之用。

(3)问题导读。教师先梳理出一两个富有思维张力的导向性问题,让学生带着问题进行读书。师生互动时,教师不仅要关注学生的解答,还要留心学生是从哪些方面入手思考问题的,从中获得了哪些解决问题的方法。

(4)圈画注议。初读时,学生按统一规定的阅读符号在文中圈(圈字词)画(画词句)注(加注音、注释)议(作评点、注疑点)。圈画直接加在文中,注议写在相应内容旁边的空白处。这样读书可动用学生的所有感官,既能加深学生对文本内容与形式的理解,又能培养学生认真仔细的阅读习惯。

2. 研读阶段

(1)循思精读。学生遵循"为什么写这些,怎么写的,为什么这样写"的思路,熟读精思,悉心揣摩,在默读静思中,突击重点,直击难点,撞击疑点,对文本语言材料、语言技巧进行思辨叩问,读出语言文字的弦外之音,适时审视自己的语言理解力和领悟力,提高精读的质量。

(2)据文探因。学生潜入语言文字精微处探索文本要义,运用"联系时代背景、生活经验""入文入情入境"等策略,深刻了解作者的人生经历、思想历程、写作背景,深入体味文本内涵,达到对文本的透彻理解、深入领悟和融会贯通,挖掘出作者"这样写"的原因,力争通过读悟品析把潜藏在字里行间的全部激情释放出来,在潜移默化中受到文本的浸染荡涤。

(3)借鉴范例。学生找准文本语言与言语形象、言语内涵、言语情感的聚合点,通过联想诵读内化语言,逐层研析篇章结构的特点,揣摩文本表达的形式,学习并借鉴作者用字炼词、雕句琢文的匠心,不断提高自身用词造句、布局谋篇的技巧,极力吸纳文本内容与形式的精髓,使阅读效益最大化。

3. 巩固阶段

巩固延伸是学生对学习过程的总结巩固、反思批判和适度延伸,进行"如果是我写,会怎样写"的迁移演练。

(1)归纳总结。学生把知识点纳入相应的知识结构,把学到的学习方法、规律加以总结整理,便于灵活掌握,构建自主学习的策略。

(2)自拟互测。无论拟题、答题还是改题,都需要主体投入、琢磨。自拟检测题进行同伴互测,可以有效巩固知识,促使学生不依赖教师,学会自主巩固复习。

(3)以读促写。选择文本的某一片段或某一点,开展练笔式训练,用读写结合发展学生的读写技能,激发学生灵动的言语,驱动学生聪慧的心智。

(4)适度延伸。学生将所学知识、技能自觉运用到新的情境中,移用到生活实践中,尝试解决新问题。课内学习,课外运用,能大大提高学习效率。

从"教师教"转向"学生学"的思路,尊重了学生的独特性,提高了学生的学习能力。学生只有积极应用策略并学习反思,才能由此及彼、触类旁通,真正学会学习,为自己注入源源不断的生长力。

有扶有放有支架,关注"学生学",将学习方法纳入教学视野,体现了"循序渐进""准备充分"的教学规律与原则。教师要正确把握语文教育的特点,着重培养学生语文实践的能力,重视语文课程对学生思想情感的熏陶感染作用,努力改进教学方法。

二 体验法:有滋有味有体验

体验法是指为了达到教学目标,教师从教学需要出发,运用多种教学手段创设与教学内容相适应的具体场景或氛围,以激发学生的认知冲突或情感体验,帮助学生有效学习,促进他们的心理机能全面和谐发展的一种教学方法。体验法是一种综合性的教学方法,糅合了建构主义学习理论、主体教育思想、启发式教学等先进的教学思想。

1. 创设情境促悟

教学情境的创设有多种手法,如单独或综合运用语言、音乐、绘画、具体事物、多媒体,等等。教师通过创设逼真的情境,可使学生产生新颖感、惊奇感,从而调动他们多种感官,激发他们的心灵潜力,悟出文章的真情和真意。如周益民老师教学《只有一个地球》,学生畅谈自己的感受后,老师和学生伴随着音乐,诵读了黎巴嫩著名诗人纪伯伦的《田野里的哭声》——我听到溪水像失去儿子的母亲似的在号哭……我又听到鸟儿仿佛号丧似的在唱一首悲歌……一只小鸟走近我,站在枝头上说:"人将带着一种该死的器具,像用镰刀割草似的把我们消灭掉……"诵读完毕,全场一片沉默,再去朗读课文,深深的忧虑通过诵读传达出来了。阅读活动强调"寻言以明像",学生一边读一边有滋有味地入境体验,这样就容易探寻到文本的意义。

2. 想象历练思维

教学中,抓住文本的空白处,引导学生展开想象,进行补写,从而更深理解全文的意旨。如,特级教师薛法根执教《第八次》,安排了两次补白填空:"布鲁斯看到了蜘蛛结网心里会想些什么?""假如你是布鲁斯王子,你想怎样动员、号召人民?"对第二次"补白",薛老师提示开头"苏格兰的父老乡亲们,亲爱的同胞们,_____"让学生进行练写,在饶有趣味的"补白"中让学生走进英雄的内心世界,加深学习体验。

3. 联想触通体验

指导学生在阅读中调用自己的已有经验,从读到的字句,联想到自己的相似经历,由一件事联想到其他事,联想到自然和社会的各种现象,等等,并多问问为什么:作者这么说是什么意思? 为什么这么说? 这么说有没有道理? 通过不断的联想、追问,学生才能得到作者的真义,就能得到诗文的真味。

4. 点拨深化体验

点拨深化体验是基于主体性学习、个性化学习、交往性学习、实践性学习的教学方法,是学生主动参与,独立思考,在"自求得之"的途中遇到难题时,得到教师适时、巧妙、灵活的点拨,而最终豁然开朗的学习体验。这里的点拨要建立在学生主体作用得到发挥的基础上。教师准确把握点拨的时机,注重拓展学生思维的空间,培养学生良好的思维习惯,深化有滋有味悟读的体验,促进学生灵活运用语文知识解决问题,发展语文学习能力。

有滋有味有体验是学生对文本的一种心心相印的认同,一种怦然心动的澄明,一种生活阅历的接轨,一种超越时空的精神漫游,一种妙不可言的视界敞亮……体验,能让语文课堂闪耀独特的个体性、生动的情境性和深远的超越性。小学语文优质课需要来自心灵深处的体验。

三 分类法:因文施教有章法

分类法是根据选文的特点与功能(即一篇课文在语文教材和语文教学中有什么作用),进行理性判断与分类,选择相应的教学策略的方法。分类法遵循因文施教原则,体现教与学有章有法,使语文课堂教学效益最大化。

1. 经典类课文的教法

经典类课文是古今中外文学、文化的精髓。学生学习这类课文的主要任务是熟知经典,透彻地领会课文本身,从而积淀文学、文化素养。

一般来说,经典作品明显高于学生的语文经验、生活经验和思想水平。要使学生真切领会,往往要借助外力,创设学生容易理解和感受的情境,提供对理解和感受有促进作用的权威的解读资料,提供构成互文的相关作品,以及教师在切身感受和较充分参考研究资料基础上的讲解。引领学生欣赏,深入地理解和感受这些经典名篇:理解和感受它们何以是经典,理解和感受它们超越时代的思想、情感和深刻的艺术表现力。经典类课文的基本教学方法是创境入文,领会内化,诵读积累。

2. 例文类课文的教法

教学例文类课文,相当于把课文当"语料",通过这类课文指导学生掌握新的读写方法,使学生学会与课文相对应的语文知识。

例文类课文的基本教学方法,是把课文当例子来解说静态的语言知识、文学知识、文章知识。关键是教师备课时要专业地预料到学生阅读这类课文时可能出现的问题和困难,并找到相应的对策。在教学中,教师则要及时地应对学生现场的问题和困难,包括语言、文学、文章等语文知识问题。回应学生的问题,并不是要对学生的提问一一作答,而是要对问题作分析和处理,然后归类解决。

3. 用件类课文的教法

用件类课文,已经从学习对象退化为学习材料,如略读课文或自读课文等。

用件类课文的基本教学方法是,由课文引发去做其他事情,或者用课文做与它相关的听说读写活动,从而使学生有意识地学到新的阅读方法、阅读策略。这就是把课文当作用件教。把课文当作用件教,已经不是阅读教学中常规意义上的教学课文了。

4. 引子类课文的教法

引子类课文教学,特指"由节选引向长篇作品""由选篇引向整本书阅读"的教学。此类课文教学相当于"专题"教学。讲授专题,一般应该先就专题作全面的评述。比如,以作家为中心组成的专题,就全面地评述这个作家;以一部作品或一类作品为中心组成的专题,就全面地评述这部作品或这类作品,然后分析列入专题的作品,有时还要结合专题讲授相关的文学知识。

有些课文是长篇作品的节选,或出自名家的作品集。这些课文,往往被教师处理为相对独立的单篇,在教学中除了加上一点关于作家、作品的背景性介绍外,与单篇作品几乎没有差别。这样的教学是不恰当的。长篇节选的作品,其基本的教学指向,应该是立足这一节选,引导学生更好地阅读长篇作品或整本书。

由选篇引向整本书阅读的方法,在窦桂梅老师执教的《西游记》之《三打白骨精》中可见一斑:

(1)利用小说中"环境"的描写,渗透《西游记》中的环境描写。

(2)借助小说中"情节"的研究,探究《西游记》中的写作特色。

(3)通过小说中"人物"的评价,导读《西游记》中的意义主题。

把课文当"引子"教,有助于课内阅读与课外阅读有效链接,因而应积极提倡。

此外,教师在运用各种教学方法时,都要做到以下五点基本要求:一要力求创设民主、和谐、快乐的教学氛围;二要及时引领学习方向,朝教学目标努力,不偏离;三要及时点拨,学生的回答不到位时作引申,学生启而不发时精当讲解,学生的交流精彩时不吝赞美之词;四要及时提炼,包括内容、方法、策略的梳理小结;五要在必要时作出示范,使学生经历由不知到知、不懂到懂、不会到逐渐学会的成长过程。

现代教学方法呈多样化发展态势。课堂教学是一种创造性活动,教师应当以系统的理论观点为指导,根据各方面的实际情况统一考虑,恰当地选择和创造性地运用教学方法,注意方法的多样性和协调性,发挥语文教学方法体系的整体功能,提高语文课堂教学效率。

人教版五年级上册《开国大典》
第一课时教学方法

一、教材简析

这是本学期最后一篇精读课文。由于篇幅长,所讲述的内容离学生的现实生活较远,含义深刻的句子较多,学生对课文的理解往往停留在文字表面,对含义深刻的语句不容易理解,对文中蕴涵的浓烈情感产生不了共鸣。学习这样的文章,对五年级上学期的学生而言,很有难度。基于此,教学方法选择如下。

二、教学方法

1. 谈话法

运用谈话法了解学生预习以及搜集相关资料等情况,以学定教。提醒学生关注并明确单元学习任务:综合运用本学期学到的阅读方法,认真阅读课文,体会课文在语言表达方面的特点。

2. 体验法

让学生综合运用已学到的知识与方法自读自悟,理解课文内容;引导学生通过设身处地地去读、去想,把心放到课文中去想象场面情景;让学生借助揣摩关键词句,体会人们的思想感情,并相机指导学生有感情地朗读,通过朗读领会情感,领略毛泽东的伟人风采;提醒学生运用静思默读、合作朗读等多种方式,初步学习点面结合的场面描写方法,体会文本表达特点;运用创设情境、补充资料等手段,帮助学生了解新中国成立的伟大意义。学生此时悟文感同身受,情动而辞发,深化了体验。

人教版五年级上册《开国大典》

第一课时

一、课时目标

1.通过自主学习,掌握生字新词,注意词语积累。通过抓关键词句,理解课文中重点句子的深刻含义,揣摩句子的表达效果。

2.运用合作朗读等方式有感情地朗读课文,背诵、抄写课文第七自然段。练习提高默读的速度和质量。

3.在整体把握课文的基础上品读重点段,凭借语言文字感受毛泽东的伟人风采,体会中国人民为新中国的诞生而激动、自豪的思想感情,力求全面理解课文内容。

4.运用读写迁移策略,学习场面描写的方法。

二、教学重点

1.透过一个个场面,体会人民群众激动、自豪的心情,在阅读过程中揣摩文章的表达顺序。

2.在读中领略毛泽东的伟人风采,并初步学习点面结合的场面描写方法。

三、教学难点

通过抓关键词句理解重点句子含义及表达效果,感受中华人民共和国的缔造者之一毛泽东的伟人风采,体会中国人民为新中国的诞生而激动、自豪的思想感情。

四、教学准备

多媒体课件。

五、课堂实录

(一)创境揭题,研题入文

（提前播放音乐《今天是你的生日,我的中国》,音略低;画面呈现开国大典油画）

师:同学们,当今天安宁、舒适的生活不再让我们动容、感恩的时候,静静地读一读《开国大典》,你会有不一样的体验。今天,就请同学们带胡老师,回到开国大典那一天。我们一起写课题。

（师板书课题,生书空）

师:（边写边述）这一天,世界的目光都集中到了天安门广场。在这里,新中国将举行隆重的开国大典(写"典"字时提醒同学:边竖内收对称美,中宫收紧中竖高。我们要养成"提笔即练字"的好习惯)。请同学们齐读课题。

（生读课题）

师:根据课前短暂的阅读,围绕课题,你能提出什么问题?

生1:课文是按怎样的顺序描述开国大典的?

师:这个问题有探究价值。请在黑板上写下来。

（生板书:①课文顺序?）

生2:开国大典是怎么进行的?

师:读书有好奇心是好的学习品质。你是想知道开国大典的程序,是吧?请在黑板上写下来。

（生板书:②典礼程序?）

生3:为什么要举行"开国大典"?

师:这是个需要深入思考的问题。请在黑板上写下来。

（生板书:③为什么举行?）

……

（师梳理问题）

师:（提炼）我们读书就应该从课题开始研究。

（二）初读感知,梳理文序

师:请同学们自由读课文。请看读书要求。（出示课件）

> 读准字音,读通句子,边读边想课文主要写了什么,并思考我们刚才提出的问题。

（生读书,师巡视指导）

师:我们五(1)班同学习惯真好!读完书,就端端正正坐好,告诉老师他想交流了。谁先来说说这篇课文主要写了什么内容?

生:主要写了1949年10月1日首都北京举行开国大典的盛况。表达了中国人民对新中国的诞生无比自豪、激动的心情,展现了中华人民共和国的缔造者们特别是毛泽东的领袖风采。

师:(评价)概括简明又全面,会读书!现在看看同学们的字词自学得怎么样。请看大屏幕。(出示词串)

| 奏乐 | 诞生 | 电钮 | 瞻仰 | 飘拂 |
| 共产党 | 毛泽东 | 聂荣臻 | 阅兵式 | 骑兵师 |

(生开火车读)

师:同学们独立识字能力很强,不简单!现在,我们一行一行地读,第一、二组读第一行,第三、四组读第二行。边读边想:每行词语前后联系起来进行说话,可以组成什么内容?同桌之间练习说话,尽量多用新词。

(同桌练说)

生:奏乐《义勇军进行曲》后,毛主席宣布新中国诞生,他按动电钮,五星红旗徐徐上升。

(师板书"毛泽东",并指导生写"泽")

师:我们以后就要将词语前后联系起来,去理解,去积累,并积极运用。谁来读读这两句话?(出示长句)

生:(读)"参加开国大典的,有中华人民共和国中央人民政府……还有外宾。"

师:读得流畅。这两句话交代了什么?

生:参加典礼的人员和人数。

师:(追问)对典礼的感觉是什么?

生:典礼很壮观。

师:对!设身处地地去读、去想,你就会有自己的收获。再读这句话。(出示"他们清早到了北京车站,一下火车就直奔会场。")

师:(强调)带点词该怎么读?zhí bèn,词典中解释为:径直向某处走去。

师:在这句话中,透过"直奔"这个词,我们能体会到什么?

生:我体会到了参加大典的群众激动热切的心情。

师:理解词语在具体语言环境中的意思,你就能读出词语的感情。请你读一读。

(生读,朗读水平有所提高)

师:你的水平不一般了!(指学生写的问题①)现在请同学们自读自悟,解决第一个问题:课文是按怎样的顺序记叙开国大典的?

(生读书)

生:课文按照开国大典进行的顺序叙述。第1到4自然段讲大会开始前会场上的情况,第5到10自然段讲典礼的主体部分,也就是毛泽东宣布中华人民共和国中央人民政府成立、升国旗、宣读中央人民政府公告,第11到13自然段讲阅兵式的盛况,第14、15自然段讲群众游行。

(师板书:会前—典礼主体—阅兵式—游行)

师:(结合板书)要想解决第二个问题,其实就是把"会前"部分省去,将典礼主体部分的内容提炼一下。谁能按照第6到10自然段的叙述顺序,简单说一说典礼的程序?

生:毛泽东宣布中华人民共和国中央人民政府成立、升国旗、宣读中央人民政府公告。

师:真会学习!能和大家交流一下好方法吗?

生1:我读书的时候边读边圈画批注。

生2:还可以边读边想象。

师:老师真佩服你们,有这么多好的语文学习方法。老师也有高效阅读法和大家交流一下。那就是:①带着问题去读书;②重点段重点学,非重点段简单学或略学。这是最简单也是最高效的方法。

(三)细读品味,感受"大典"

师:现在就请同学们带着问题默读第5到10自然段,画出描写毛泽东的动作和群众的反应的语句,看看你从中感受到了什么,把它写在文旁相应的空白处。

(生自主学习,师巡视指导)

师:同学们读得很投入。现在我们按照文章表达的先后顺序,读一读你画的语句,再谈谈感受。

(生自主汇报交流,师适时调节)

生:(读)"下午三点整,会场上爆发出一阵排山倒海的掌声,中华人民共和国中央人民政府主席毛泽东出现在主席台上,跟群众见面了。三十万人的目光一齐投向主席台。"(谈体会)我从这两个句子中,体会到全场三十万人以及全中国人民为新中国的诞生而欢欣鼓舞的心情。

(生读到相应内容时,课件出示"会前"部分的语段)

师:能将"一齐"换成"一起"吗?

生:不能。

师:(追问)为什么?

生:因为"一齐"表示不同主体同时发出一致的行为,"一起"表示动作行为发生在同一地点或合到一处。

师:咬文嚼字的功力不浅啊!大家不要满足于找到一处"掌声",再快读第5到10自然段,看看几处写到了掌声,用波浪线画下来。谁来读读?你体会到了什么?

生1:(读)"起初是全场肃静,只听见炮声,只听见国旗和许多旗帜飘拂的声音,到后来,每一声炮响后,全场就响起一阵雷鸣般的掌声。"(谈体会)我感受到掌声很热烈,人民很热情。

生2:(读)"接着,毛主席在群众一阵又一阵的掌声中宣读中央人民政府的公告。"(谈体会)这里的掌声说明毛主席深受人民的拥护和爱戴。

生3:(读)他读到"选举了毛泽东为中央人民政府主席"这一句的时候,广场上的人们热爱领袖的心情融成一阵热烈的欢呼。观礼台上同时响起一阵掌声。

师:(追问生3)读完这句话,你有什么感受?

生3:我感受到毛泽东不仅深受中国人民爱戴,还深得世界友人的敬重。选举结果正合民意,是众心所向啊!

师:好!把你的理解读出来。

(生3充满激情地朗读)

师:入情入境地朗读,真有感情!谁再读读你画的语句,并谈谈体会?

生4:(读)这庄严的宣告,这雄伟的声音,使全场三十万人一齐欢呼起来。这庄严的宣告,这雄伟的声音,经过无线电的广播,传到长城内外,传到大江南北,使全中国人民的心一齐欢跃起来。

(生4读到相应内容时,课件出示"宣告"部分的语段)

生4:(接着说体会)我从"欢呼""欢跃""一齐"这些词语中体会到全场三十万人以及全中国人民为新中国的诞生而欢欣鼓舞的心情。

师:抓住关键词品悟,会学习!再请同学们读一读描写典礼的第一个场面也就是"宣布成立"的场面的语句,看看写法上有什么特点。

(生练读后,合作朗读)

一生读:毛泽东主席宣布:"中华人民共和国中央人民政府在今天成立了!"

生齐读:这庄严的宣告,这雄伟的声音,使全场三十万人一齐欢呼起来。这庄严的宣告,这雄伟的声音,经过无线电的广播,传到长城内外,传到大江南北,使全中国人民的心一齐欢跃起来。

(合作朗读之后,生顿悟)

生1:"宣布成立"这个场面中,"点"是毛主席宣布中华人民共和国成立,"面"是全场三十万人欢呼雀跃,是全国人民的心一齐欢跃起来。

生2:作者有点有面、点面结合地写出了全场三十万人在开国大典之际对新中国、对毛主席的无限热爱之情,拓展表达全国人民的欢欣鼓舞。

师:真厉害!同学们不仅读懂了内容,还看出了表达形式。请继续交流。

(师板书:点面结合)

生3:(读)"毛主席亲自按动连通电动旗杆的电钮,新中国第一面国旗——五星红旗徐徐上升。三十万人一齐脱帽肃立,一齐抬起头,瞻仰这鲜红的国旗。五星红旗升起来了,表明中国人民从此站起来了。"(接着说)在"升国旗"这个场面中,我认为"站"这个字最有震撼力。我体会到中国人民为从此站起来当家做主人感到无比激动、无比自豪的感情。

(生读到相应内容时,课件出示"升国旗"部分的语段)

师:(手势,指向板书内容,面对质疑③的学生)这个时候,你知道为什么举行开国大典了吗?

生:知道了。因为新中国成立值得庆祝!

师：同学们能借助课外资料，有效处理信息，解决难题，了不得！是啊，美丽悠久的中华民族，您有着不能不说的苦难与耻辱啊！看——

（出示课件，创设情境）

> 　　掠夺成性的帝国主义侵略者横冲直撞地闯进了中国。中国百姓在受难！人民在哭泣！民族在流血！……
>
> 　　沸腾的血，赤子的爱，像爆发的火山，汹涌的怒海，冲破那罗网，砸碎那旧世界！多少仁人志士在共产党的领导下，经过长期奋战，终于站起来了——

（出示课件，转换第七自然段的呈现形式）

> 　　这庄严的宣告
> 　　这雄伟的声音
> 　　使全场三十万人一齐欢呼起来
>
> 　　这庄严的宣告
> 　　这雄伟的声音
> 　　经过无线电的广播
> 　　传到长城内外
> 　　传到大江南北
> 　　使全中国人民的心一齐欢跃起来

（配乐，生入情入境齐读第七自然段）

师：炎黄子孙！——站起来了！泰山、昆仑！——站起来了！

（配乐继续，生入情入境再次齐读第七自然段）

师：中华民族！——站起来了！

（配乐继续，学生入情入境第三次齐读第七自然段）

师：我们欢欣鼓舞！我们热泪盈眶！让我们再一次倾听毛主席那震撼世界的声音。

（播放原声）

师：如果此时，你就在开国大典的现场，你想对毛主席或者全国人民说些什么？请把它写下来。

（轻音乐，学生写感受，师巡视指导）

师：谁来读读自己写的内容？

生1：敬爱的毛主席，您是我们的大救星，是您带领中国人民历经举世瞩目的二万五千里长征，历经艰难困苦的八年抗战，赶走了日本帝国主义；是您带领中国人民打垮了蒋家王朝，建立了新中国，让我们过上了幸福的生活。

师：排比句式，气势不凡。

生2：受苦受难的同胞们，千百年期盼的日子终于来了，我们的祖国从此站起来了，中国人民从此站起来了。让我们振臂高呼："毛主席万岁！中国共产党万岁！祖国万岁！"

师：谁来评价他写得怎么样？

生：他写得很流畅，有感情，都写到我们心里去了。

师：（提炼）同学们不仅会读书、会表达，还会评价同学的学习。老师真佩服你们！

（四）总结延伸，铭记"大典"

师：让我们把这段流淌着浓浓情感的文字记在脑海里。让开国大典永远铭刻心中。

（生背诵第七自然段）

师：这节课的问题都解决了吗？

学生自主总结学习收获：关于课文内容方面，还有课文写法、阅读方法。

师：岁月流转，中国的国力日益强大。我们更加热爱自己的祖国。每到十月一日这一天，举国上下齐祝国庆。（音乐起，与课始呼应）下节课，同学们会和老师继续去品悟开国大典其他场面的壮观与热烈。同学们回去以后请完成以下作业（出示课件）：

(1) 熟读课文，背诵第七自然段，并把它抄写下来，力求美观，行款整齐。

(2) 阅读《毛主席在花山》，或收集毛泽东主席的生平资料进行阅读，并且思考人们为什么对他如此崇敬与爱戴。

【教学板书】

开国大典

会前—典礼主体—阅兵式—游行

毛泽东　　点面结合　　群众

（胡晓燕）

第八章　多元的教学模式

　　教学模式是指在规范性的教育理论和理念的指导下,为教学活动提供教学环节与运行程序的范式。教学模式是规范性教育理论和情境性教育实践之间的中介与桥梁。语文课程的独特性、丰富性与综合性,决定了语文课堂教学模式的多元化。

一　小学语文教学基本模式

　　以现代教育思想、新课程理论为指导,以《语文课程标准》教学理念为准绳,根据小学语文"五域"的课型迥异、内质关联等特点,分领域构建基本的教学模式。

1. 识字与写字教学基本模式

　　如,"识写互构—描仿入体—综合运用"的教学模式。通过引导学生读中识字,结合观察、思辨,逐步加强识记,掌握汉字的间架结构,致力于培养学生自主识字的能力,激发学习兴趣;写字指导强调"提笔即练字",在"读帖—记帖—描帖—临帖—背帖"的过程中巩固识字。

2. 阅读教学基本模式

　　如,"自学—指导—练习"的"学、导、练"教学模式,"初读课文,整体感知—品读思悟,积累运用—回归整体,总结延伸"的"整、分、整"教学模式,等等。

3. 习作教学基本模式

如,全程指导的"联系实际,激发内需—明确要求,精巧指导—独立习作,巡视指导(二次备课)—讲评示例,引导修改—润色完善,认真誊写"的教学模式。具体操作如下:

(1)联系实际,激发内需

习作是学生对外在现实的审美把握,是学生心灵的审美创造。习作命题首要是关注学生的心理需求,激活学生心中想要表达的强烈欲望,力求给予学生更多的选择权和表达空间。习作命题要把学生的视域拓展到广阔的社会生活中,培养学生留心观察生活的习惯,增强学生用文字表现生活的能力。

(2)明确要求,精巧指导

对学生进行写前指导时,教师要精心创设情境,激活学生的经验世界,使学生涌动表达的激情,从而实现表达与需要的有机融合。首先,教师要明确习作意图,让学生审清题意;其次,指导方法要精巧,切勿作前指导得多、修改指导得少,谨防学生动嘴说得多、动笔写得少。

(3)独立习作,巡视指导(二次备课)

写中指导需要教师调用厚实灵动的教育智慧,在学生习作现场进行二次备课。这是习作教学的关键时期,教师要不断巡视,密切关注学生在写作过程中所呈示的信息,加强个别指导,随时点拨答疑。课内习作要求当堂完成,着力培养学生一气呵成的行文习惯与能力。学生动笔后,尽量不要打扰他的构思与行文,力求环境安静。

(4)讲评示例,引导修改

讲评是批改的发展与深入,是有效发挥指导作用的重要方式。要做好写后讲评,须做到以下几点:首先,要有规划,使每次讲评有明确的重点,每次讲评之间存在着相应联系;其次,要针对训练目标、指导重点进行示例;第三,要在鼓励中指导学生修改习作;第四,讲评方式要多样,根据训练重点、学生习作实际,以及文体的不同等,确定指导方式。教师要特别重视学生自主修改能力的培养,因其比教师单独批改意义要大得多。

(5)润色完善,认真誊写

抓住润色加工等环节,指导学生在写作实践中写好作文。关注作文的书写质量,提醒学生"提笔即是练字时",把誊写作文也当作练字的过程。

4. 口语交际教学基本模式

如,"创设交际情境,制定活动方案—引导互动交流,自主交际实践⇆评价交流效果,提炼互动策略"多个回合交际实践的教学模式。在逐渐深入的完整的实践序列中,体现学生由简单、表面到逐步丰富、深入的口语训练过程,最终练就在双边互动多变的交际条件下的应对能力。

在口语交际教学中,为帮助学生养成良好的语言习惯,可以将基本要求编成顺口溜,便于学生掌握,如,与人交谈时要求"认真倾听礼周全,乐于表达谈己见,注重场合讲分寸,条理清晰抓要点"。

5. 综合性学习的教学基本模式

"综合性学习"应体现体验、合作、探究的精神,一般采用"设计方案—分组活动—辅导交流—展示成果—总结收获"的教学模式。

如,六年级整理课文重点是学生最怕的复习任务,费时费力,容易让学生产生厌烦情绪。如果指导学生用图表的形式来整理知识点,用自己喜欢的形式记录课文重点,提炼观点,归纳摘录等,既省力,又能把关键的内容显现出来。

基本模式可以根据不同的课堂境遇和要求做出适当调整,形成特定课堂教学模式的必要变式。语文"五域"的课堂教学模式要求加强课程内部的有机联系,突出整体性和综合性,促进学生语文素养全面协调地发展。

二 小学语文教学多元模式

即使在同一教育理论指导下,实际操作时,因教学内容不同,要求不同,领域不同,教学模式也会不同。下面以阅读教学为例,阐释因文而异、因需而异的多元化教学模式。

1. 美文美读式

针对景美、境远、情深的课文,可以采用以情境体验为核心,以朗读指导为重点的"导读—练读—评读—赏读"的教学模式。

2. 知序明理式

对于童话、寓言，可以采用"初读，知顺序—熟读，记语言—再读，演一演"的教学模式。

3. 问题导向式

对于有值得探究的问题的课文，可以用少量整合的问题为导向，采用"提出问题—分析问题—解决问题"的教学模式。

4. 方法引路式

对于适合习得某些学法的课文，可用"方法渗透—方法领悟—方法小结—方法运用"的教学模式。该模式侧重在学习方法的指导上，如，诗歌的教学，说明性文章的教学等。

5. 写法迁移式

对于写法有特点，且学生学得来、用得上的课文（如简单的说明文），可以采用"了解内容—领悟写法—尝试运用"的教学模式。

6. 能力训练式

对于略读课文、选读课文，可以采用"一读读通课文—二读粗知大意—三读交流感受"的教学模式，对单元训练项目加以实践，并巩固训练精读能力。

多元的教学模式在教学环节和运行程序中具有必然的开放性和弹性空间，即使是同一课型（如上述阅读教学），也会因课文题材、体裁的不同，语言风格的不同，学生学习需要的不同，而要求课堂教学模式随之发生相应变化。

苏教版六年级下册《课外阅读〈三国演义〉读书交流会》教学模式

本课例是课外阅读成果交流会，属于"综合性学习"的教学基本模式中的后两个环节，即"展示成果—总结收获"。教师在教学中精心安排了三个板块——激活储备、分层评论、归整总结，这是基于基本教学模式的积极创新。具体的教学环节和运行程序如下。

第一板块：激趣导入，踏诗寻英雄。

【效果评价】 开门咏诗，增强了语文课堂的文化气息，让学生受到艺术的熏陶；观看片段，感受人物的英雄气概，激活学生的阅读储备。

第二板块：评头论足，煮书论英雄。

这是教学的主体，分三部分进行。

(一)谋天下谁能运筹

【效果评价】 三国中谋士众多，如果一一谈论，要花费大量的时间。"擒贼先擒王"，用"智谋连连看"的形式，先让学生有针对性地对主要计谋进行回顾，再放手由学生漫谈其他计谋进行有效的补充，点面结合，收放自如。

(二)打天下谁与争锋

【效果评价】 要求学生将三国中这些武将按武力大小做出"五虎上将"的排行榜，形式新颖而灵活，既激发了学生的交流欲望，又使得学生乐于参与讨论。同时，在交流过程中，培养学生敢于发表自己不同的意见的品质，要求说得有理有据，使人信服。这对于提高学生围绕主题组织材料，并进行简单发言的语文综合能力，有着不可小觑的作用。

(三)统天下谁主沉浮

【效果评价】 以"民主选举辩论"的活动形式，给学生假设一个具体的情境，针对自己在阅读中了解到的三个人物不同的性格特点提出论点，找到论据，使学生既深化读书感受，又学会一分为二地分析人物。

第三板块：趣味积累，心中有英雄。

【效果评价】 与三国相关的一些成语和歇后语在生活中比比皆是，被广泛使用，这一点足以证明《三国演义》在人们心目中的地位。在漫谈三国人物后，让学生初步了解相关的成语和歇后语，不仅能促进学生丰富语言积累，而且能激发学生对名著的热爱，从而促使学生更多地涉猎中外名著，增长学识，积淀人生。

本课教学形式不拘一格，教学风格独树一帜，教学模式有"格"又不囿于"格"，创新点丰富且有价值，是一个成功的课外阅读成果交流会。

苏教版六年级下册《课外阅读〈三国演义〉读书交流会》
典型课例与效果评价

一、设计理念

读书养性，温文尔雅；读书养心，富足精神；读书养生，厚积薄发。新课标倡导少做题，多读书，读好书，读整本的书。

课外阅读实践活动，既要有学生个体的独立钻研，也要有学生群体的讨论切磋；既鼓励自主阅读的独特感受，又提倡合作探究的共同分享。以"读书交流会"为平台，以灵活多样的活动形式为载体，把发言权交给学生，发挥他们的自主性，调动他们的积极性，使他们在交流中相互启发，相互学习，实现阅读效益的最优化和最大化，同时增强了阅读的兴趣。

二、学情分析

从学生的阅读背景看，他们在学习苏教版小学语文四年级下册《三顾茅庐》一文后，利用课堂教学主阵地，对《三国演义》有了初步的感知，并产生了较浓的阅读兴趣。经教师初步指导课外阅读，学生对整部小说的内容有了大致了解。基于此，教师利用六年级下册的《漫话三国英雄》口语交际的契机，再次请学生课外阅读小说《三国演义》，并进行了有针对性的指导。学生经阅读和教师指导，对小说内容有了较深理解，对小说中的人物形象日趋清晰，从而获得了新的阅读感受。

从学生能力看，六年级学生已具备一定的阅读积累，对于身边的热点问题，或影视中的故事和形象，有着初步的认知和分析的能力，但由于学生的社会经验不足，致使这种认知和分析只停留在表面，缺乏对内在的本质进行深入思考，或其认知和分析仅局限在事物的某一方面，不能全面地感知和理解。在师生互动时，教师应考虑学生的实际水平，通过不同形式的引导，启发学生全面感知、深入思考，强化思维的深度和广度。

三、教学目标

1. 了解名著《三国演义》的主要内容和主要人物，学习用自己的眼光去品读，学习辨别是非善恶，学会一分为二地看待问题。

2. 乐于参加讨论，分享阅读收获，敢于发表自己的意见，做到表达有条理、有见解。

四、教学时间

1课时。

五、教学准备

学生阅读《三国演义》;教师阅读《三国演义》,制作课件。

六、教学过程

(一)激趣导入,踏诗寻英雄

师:(配乐,朗诵《念奴娇·赤壁怀古》)提起这首词,人们都会想到四大名著之一——《三国演义》。书中塑造了许多有血有肉的英雄人物,你知道哪些呢?能用一个形容词来形容你知道的英雄人物吗?

(板书:三国演义)

生1:骁勇善战的关羽。

生2:粗中有细的张飞。

生3:神机妙算的诸葛亮。

生4:有勇有谋的曹操。

生5:爱惜人才的刘备。

生6:鬼斧神工的贾诩。

师:说得真好!熟知人物特点,源自大家阅读投入。奖励你们看一段《三国演义》中的精彩片段。

(播放《三顾茅庐》视频)

师:这就是著名的——

生齐:《三顾茅庐》。

师:片中一身绿衣、二尺胡须、威风凛凛的是——

生齐:关羽。

师:那位宽头大脸、满脸络腮胡、风风火火的是——

生齐:张飞。

师:这位不拘一格、礼贤下士、求贤若渴的是——

生齐:刘备。

(二)评头论足,煮书论英雄

1.谋天下谁能运筹——智谋连连看

(1)指名谈论诸葛亮其人其事。

师:他们这样恭敬有礼、不胜其烦,是请谁啊?

生:人称卧龙的诸葛亮。

师:这个时候诸葛亮才 27 岁,刘备已经 47 岁,诸葛亮有何本领,让年届 47 岁的刘备三顾茅庐,亲自邀请他呢?熟读《三国演义》的你们,一定知道诸葛亮的故事。谁来谈谈?

生:诸葛亮还没有出茅庐时就做出了三分天下的形势分析。后来也正如他预测的那样,整个中原呈现出"三国鼎立"之势。

师:未出茅庐,已知三分天下。真万古之人不及也。

生:诸葛亮火烧新野。

师:请具体说说。

生:诸葛亮驻扎新野时,曹操手下大将夏侯惇率领十万大军杀来。当时诸葛亮让关羽领兵一千埋伏在豫山,让张飞只要一看见南面失火,就从山谷中杀出来,放火烧曹军的粮食,关平和刘封领兵五百准备好火药,埋伏在博望坡,赵云领兵引诱曹军入包围圈,接着假装战败逃走。夏侯惇紧追不舍,被带进了包围圈,关羽从中杀出来,烧了曹军粮草,张飞一见南面失火也杀出来,结果曹军大败而逃。

师:这个故事已经在你心中了,说得真流畅!诸葛亮用区区几千人退了十万大军,真是古今天下罕见奇才!

生:诸葛亮七擒孟获。诸葛亮受刘备托孤,亲自带兵南征。到了南蛮之地,双方首战,诸葛亮大获全胜,擒住了南蛮的首领孟获。但孟获却不服气,说什么胜败乃兵家常事。诸葛亮便放了他,然后用计谋七次将孟获擒获,到了孟获第七次被捉的时候,诸葛亮还要再放。孟获却不愿意走了。他流着眼泪说:"丞相七擒七纵,真是仁至义尽了,我打心底里敬服。从今以后,不敢再反了。"孟获回去以后,还说服各部落全部投降。

师:真好!你把书中的故事变成了自己的积累。七擒七纵,真不愧是足智多谋、运筹帷幄。

生:还有草船借箭。周瑜妒忌诸葛亮的才干,要诸葛亮在十天内负责赶造十万支箭,哪知诸葛亮只要三天,还愿立下军令状,完不成任务愿意接受处罚。周瑜想,三天不可能造出十万支箭,正好利用这个机会来除掉诸葛亮。于是,他一面叫军匠们不要把造箭的材料准备齐全,另一方面叫大臣鲁肃去探听诸葛亮那边的情况。结果,诸葛亮让鲁肃帮忙准备船只,每只船都用幔子遮住,立着许多草靶子。在第三天的晚上,这些船开往曹操军营。曹操以为对方来进攻,又因雾大怕中埋伏,就派六千名弓箭手朝江中放箭。箭纷纷射在草靶子上,好像下雨一样。就这样,诸葛亮顺利借到了十万支箭。

师:这就是著名的草船借箭的故事。诸葛亮三天取来十万支箭,让周瑜心服口服,自叹不如。

师:你们说得真精彩!我想这样精彩的发言一定源自你们的用心读书。我们将掌声送给刚才精彩发言的同学。

(2)回顾三国时期知名谋士和著名的计谋。

师:其实三国时期(附板书:魏　蜀　吴)人才辈出,像诸葛亮这样擅长出谋划策的还大有人在,谁来说说你知道的三国谋士?

(板书:谋士)

生:庞统,郭嘉。

师:请把他俩的名字写在黑板上,看好应写在哪一栏里。

(生上台将名字分别写在"蜀""魏"的下面)

师:还有谁来说说?把名字直接写在黑板上。

(生纷纷到黑板上将谋士的姓名写在了所属国家的下面。)

师:这个徐庶,原来在蜀国,诸葛亮还是他推荐给刘备的。但是后来,曹操把徐庶的老母亲抓去了,并以此胁迫徐庶。徐庶无奈之下只有投靠曹操,但终生未献一计。所以他应该是属于魏国的谋士。

(师擦掉"蜀"下的"徐庶",写到了"魏"的下面)

师:大家书读得真好。看,写出这么多三国谋士的名字来。只有这些吗?

生:还有。

师:对哦,三国谋士众多,据不完全统计,光曹操手下的谋士就有一百多人。正是这些谋士用智慧谋划了一个又一个经典的计策,比如美人计、空城计、反间计、苦肉计、连环计等。

(课件出示计策名称及人物名称)

周瑜	诸葛亮	王允		庞统	贾诩
美人计	空城计		反间计	苦肉计	连环计

师:美人计是谁用的?

生齐:王允。

(师点击课件,将"王允"与"美人计"连线)

师:(对着一个学生)看你说的声最大了。请你来讲讲王允的美人计。

生:王允先将美女貂蝉许于吕布,又许于董卓,最后借用吕布之手除掉了董卓。

师:这是成功的美人计。还有没成功的呢?

生:周瑜也用过美人计。假意将孙权的妹妹孙尚香许于刘备,骗刘备过江,哪知吴国太不知是计,假戏真做,真的将孙尚香嫁给了刘备。周瑜这个计策彻底失败,留下了"赔了夫人又折兵"的笑话。

(将"周瑜"与"美人计"连线)

师:你知道得真多,说得也好。是啊,智者千虑,必有一失。可惜了孙尚香。空城计是谁用的呢?地球人都知道!

生齐:诸葛亮。

(将"诸葛亮"与"空城计"连线)

师:反间计呢?所谓反间,就是挑拨离间,使原来的盟友经被挑拨而翻脸,从而坐收渔翁之利。

生:贾诩给曹操献过反间计。曹操依计实行,故意涂改写给韩遂的信件,让马超疑心,使两人起了内讧,从而降了韩遂,打跑了马超。

师:好,我们把"贾诩"和"反间计"连上。

(连好线时,有一个同学高举手,很焦急的样子)

师:你想说什么?

生:周瑜也用过反间计。周瑜写了一封挑拨离间的信,说蔡瑁、张允有谋反之心。之后,有意让蒋干把信偷走给了曹操。曹操本来就多疑,看了信之后就把蔡瑁、张允杀了。周瑜就用这种方法除掉了为曹操训练水军的两名大将。

师:你很会发现。周瑜利用曹操的多疑,使他损失两名大将。曹操后来也是后悔不已啊。

(将"周瑜"与"反间计"连线)

师:下一个,苦肉计。

生齐:黄盖。

(将"黄盖"与"苦肉计"连线)

师:难不倒你们啊?谁来说说黄盖是怎么用苦肉计的?

生:黄盖为了让曹操相信他去投降,让周瑜打他五十杖,然后派人去告诉曹操黄盖愿意投降,原因是周瑜欺人太甚,根本不信任他。一向多疑的曹操也被黄盖的苦肉计给骗了,相信了他。

师:一个章节的内容,你用几句话就给概括了,真不错。就因为这个苦肉计,还衍生出一个歇后语呢。周瑜打黄盖——

生齐:一个愿打,一个愿挨。

师:连环计比较复杂,一般都是由几个计策在一起综合推进。想一想,书中哪里是几计连环使用的?

生1:王允的那个美人计,后面貂蝉又在董卓和吕布之间挑拨,才得以除掉董卓。

生2:黄盖的苦肉计,前面庞统先设法让曹操把船都连起来,黄盖去假投降时,使得火攻之计得以顺利实施,致使曹军大败。

师:你们书读得透,还注意了前后联系。掌声送给他们。(连线)

(3)学生介绍自己印象深刻的谋士或计谋。

师:除了以上所说的几位谋士和几个计谋,还有哪些谋士或计谋给你留下了深刻的印象呢?

生:我个人比较喜欢郭嘉,人称"鬼才",深受曹操重用。在曹操准备攻打袁绍时,大家都同意打,郭嘉却提出要静观其变,因为他猜出袁绍的四个儿子不用多久自己就会打起来。事实果然如他猜测的一样,袁绍的几个儿子互相讨伐,两败俱伤,曹操没费多少兵力就赢得了战争。袁绍的大儿子袁谭还向曹操投降了。

师:鹬蚌相争,渔翁得利。

生:陆逊也有谋略。他给吕蒙献计,让吕蒙装病,自己写信给关羽,高度赞叹关羽,给关羽戴"高帽",让关羽自鸣得意、麻痹大意。趁着关羽大意之时,吕蒙率小分队夺了荆州。

师:呵呵,糖衣炮弹啊。

生:贾诩曾给与曹操作战的张绣献计。在曹操传令率大军回师时,贾诩力劝道:"如果追杀,必败无疑。"可张绣没听,结果大败。大败后,贾诩主张:"现在去追,一定胜。"张绣率兵去追,果然胜了。

师:神机妙算,句句应验。(总结)《三国》中充满了智慧,汇集了这么多人才(手指黑板上写的谋士名字),演绎了这么多脍炙人口的计谋(手指课件上的几大计谋),施展了各人的聪明才智。

2.打天下谁与争锋——武力排行榜

(1)提名"五虎上将"。

师:(播放《三国演义》打斗视频)智者靠谋,武者靠力,三国时期涌现了多少武艺高超、神勇无比的威名猛将。他们武功高强,浑身是胆(板书:武将)。当时刘备手下就有五虎上将,他们是——

生:关羽、张飞、赵云、马超、黄忠。

师:如果我们把《三国》里所有的武将汇合起来,再让你按照武艺高低,来评出五虎上将,你觉得谁可以跻身这"五虎"之围。你们来提名。

生1:马超、关羽、典韦、张飞、夏侯惇。

生2:吕布、关羽、赵云、马超、张飞。

生3:吕布、关羽、太史慈、张飞、赵云。

生4:张飞、黄忠、马超、赵云、许褚。

(2)学生翻阅书本,有根据地对"五虎上将"进行武力排名。

师:我听了一下,在大家的提名中,有几位武将的名字频繁出现,人气很旺,分别是吕布、关羽、张飞、赵云、马超(课件出示)。既然如此,我们今天就主要说说这五位大将,按武功高低给他们排名。要求从书中找到充分的理由。

(生翻阅名著,寻找依据)

生1:第42回,张翼德大闹长坂坡(生读相关内容),张飞在河边一声吼,就把敌人都吓得肝胆俱裂,可见张飞的勇猛和武艺高超。所以我觉得张飞应该排第一。

师：是的，后来还有诗为证：长坂桥头杀气生，横枪立马眼圆睁。一声好似轰雷震，独退曹家百万兵。有一定的说服力。

生2：张飞一声吼，让敌人吓破胆，只能说明他的声音大而已（众笑），并不能说明他武艺高。都说"马中赤兔，人中吕布"，吕布武艺高强，应该排第一。（生读第5回中"破关兵三英战吕布"的相关内容）张飞、刘备、关羽三人打吕布一人都没分出胜负，可见吕布武功绝对高于张飞。

（生齐鼓掌）

师：证据确凿，分析准确。吕布应该排第一。

（拖动吕布图片放入第一名的框内）

生3：第二名我觉得是关羽。（生读第27回中"汉寿侯五关斩六将"的相关内容）过五关斩六将，还有温酒斩华雄，试问三国中还有何人可以做到？

（生点头、鼓掌）

师：好一个反问句，让人不容置疑啊。

（将关羽图片拖入第二名框内）

生4：第三名应为马超。（生读第59回中"许褚裸衣斗马超"的相关内容）在和马超打斗之前，曹操就说了："马超不减吕布之勇。"打了之后，许褚也是身中两箭落荒而逃。所以说马超第三，不是吹的。

（生鼓掌）

师：你真幽默。肯定不是吹的，靠的是真功夫。

生5：还有马超吓得曹操割须弃袍，（生读第10回中"报父仇曹操兴师"的相关内容）马超厉害吧，曹操都怕他。

师：有力的证据。

（师准备拖动图片。一生高举小手，表示反对）

生：马超武艺确实高强，但还是不抵张飞。（生读第65回中"马超大战葭萌关"的相关内容）这一战，两人虽然打成平手、不分胜负，但我查阅了资料，知道这个时候张飞已经40岁了，而马超才20几岁。体力上张飞一定不如年轻的马超，但还是打成了平手，可见张飞若是和马超一样年轻，武艺一定高过他。

（生点头、鼓掌）

师:你真是有心的孩子,多方搜集了证据,分析得如此细致,真是难得!再次将掌声送给他。看来张飞第三,当仁不让(将张飞图片拖入第三名的框内)。马超只能紧跟其后,排第四了。这第五名赵云也没有悬念了。谁来说说赵云的武艺?

生6:(生读第41回中"赵子龙单骑救主"的相关内容)可见赵云武艺超群,不要说位列第五,我觉得说他第一都不为过。

师:一听就知道你是他的超级粉丝。是的,赵云英勇神武。血染征袍透甲红,当阳谁敢与争锋!古来冲阵扶危主,只有常山赵子龙。(将赵云图片拖入第五名的框内)这接下来的第六、第七等等,又会是哪些武艺高超的武将呢?有兴趣的同学们课下可以在一起排一排。

师:(总结)关于《三国》中武将排名,历来说法不一,各有高见。但名次再变,也变不了他们高超的武艺和浑身是胆的神勇,变不了他们给我们留下的英雄形象。

3. 统天下谁主沉浮——民主选举会

(1)推选明君,组成团队。

师:说《三国》,有三位重量级的人物不能不说,那就是三分天下之帝王——魏武帝曹操,汉昭烈帝刘备,吴大帝孙权。如若在今日,我们会说一国不容二主。三人中,如果只能选一人来承担国家大业(板书:君主),你会选谁呢?

生1:我选刘备。

生2:我也选刘备。

生3:我选曹操。

生4:我也选曹操。

师:有人选孙权吗?

生5:我选孙权。

师:也有啊。看来是花开三朵,各表一家啊!今天我们就分三个团队展开辩论——"谁可胜任平定天下的一国之君"。来,拥护刘备的坐这边,拥护曹操的坐中间,孙权的拥护者这边请。(生按要求迅速组团就座,拥护孙权的只有两人)

(2)出示要求,准备辩论。

师:在辩论前,我们先来看看辩论要求,谁来给我们读一下?(出示辩论要求)

> 1.语言流利,言之有礼。2.选例得当,言之有理。3.不拘形式,言之有力。

(一生读要求)

师:言之有礼,就是说话要有礼貌,不要弄得像吵架似的;言之有理,就是你说的理由一定要充分;不拘形式,就是你可以从正面阐述自己的观点,也可以从反面去驳斥对方的观点。好,下面给你们3分钟的组内讨论时间,大家准备好。

(学生热烈讨论)

师:每组派个代表来决定发言的先后次序。

(三个代表在台上用"剪刀、石头、布"的方式,确定了发言的次序。)

师:好,拥护曹操的同学们,开始吧。

(3)按序发言,开始辩论。

拥护曹操的同学(以下简称"曹"):纵观《三国演义》,你会发现,曹操手下的谋士、大将人数最多,这说明曹操广纳贤才,就连一计不献的徐庶,曹操也舍不得杀,这样爱惜人才的曹操一定能够承担国家统一大业。

拥护孙权的同学(以下简称"孙"):虽然如刚才同学所说,曹操很懂得广招人才,可是他生性多疑。一代名医华佗要用开颅手术给他医治头痛病时,却被多疑的他残忍地杀害了。华佗——神医啊,就因为曹操多疑,而命殒刀下。曹操实在可恶。这样的人怎能成为一国之君呢?要是他成了一国之君,不知有多少人要死于他的刀下。所以我坚决拥护孙权。

(众生鼓掌)

拥护刘备的同学(以下简称"刘"):我们既不同意选曹操,也不同意选孙权。要说一国之君,非刘备不可。首先,刘备是汉室后人,承继祖业,名正言顺。再者,刘备特别仁厚,在逃亡江夏时,一路带着百姓,行军速度非常慢,有人劝他放弃百姓,可他却不忍心将老百姓置于敌军,真是宅心仁厚啊。这样的人才能担当祖国大业。

曹:要说爱护老百姓,曹操在这方面做得非常好。在讨伐袁绍时,行军路上曹操就下令不许践踏老百姓的庄稼,违者就斩。结果自己不小心踩了麦田,曹操要自杀,手下的人劝住了,最后曹操割头发代替惩罚。这可看出曹操是多么爱护老百姓。所以我拥护曹操。

孙:(生笑)曹操要自杀,那绝对是在装腔作势。同学们还记得曹操和陈平一起逃亡时,因为听到吕伯奢家里有磨刀的声音,就心狠手辣地杀了吕伯奢一家,还说出了"宁我负人,毋人负我"的话。这样一个自私又心狠手辣的人,怎么会愿意轻易结束自己的生命呢?所以我支持孙权。

师:驳斥得有道理。

刘:刘备三顾茅庐,为了一个优秀人才,不惜降低自己的身份,有耐心、恒心和爱心。我拥护刘备。

曹:当年董卓在京城残暴专权,人人都想诛之,可是谁敢去付诸行动呢?曹操胆识过人,主动前去行刺,虽未成功,但此等胆识,刘备、孙权能比吗?所以我拥护曹操。

孙:孙权头脑冷静、深谋远虑。在进兵荆州时,他遭遇曹操领兵南下,在危难之际听取鲁肃、吕蒙等人建议,联合刘备共抗曹操,重创曹军。这就是历史上有名的"赤壁之战"。所以我拥护孙权。

刘:刘备仁义,在《三国演义》中大家有目共睹。徐州牧病危,一度要让位于刘备,刘备始终念及兄弟之情再三推辞,老百姓集体请求,刘备方才同意,并立志要做仁爱之君。得民心者得天下,所以我拥护刘备。

曹:曹操爱惜人才还体现在他抓住关羽的时候,一直劝他归降而舍不得杀他,并答应关羽,一有刘备的消息,就放关羽去寻。后来关羽得到刘备的消息后,之所以能够过五关斩六将顺利逃离,也有曹操怜惜人才、下令不杀关羽的缘故。所以曹操的确是个懂得惜才的明君。

(生鼓掌)

(拥护孙权的一方无人举手)

刘:曹操爱惜人才不假,可刘备不仅爱惜人才,还重情重义。大家都知道他与关羽、张飞桃园结义,在日后不管是在危难之中,还是成为一方之郡,刘备对待兄弟都是同吃同住,从没有一点架子。这么重情义的人做了君王,也一定是位明君。我拥护刘备。

曹:曹操能文能武。书中曹操南征北战,带兵打仗,取得了一个又一个的胜利,可以说是一个军事家。同时曹操还很有文采,时常吟诗作赋,那个众所周知的"何以解忧,唯有杜康"的诗句就出自曹操之手。这样文武兼备的人才实在难得。我拥护曹操。

(生鼓掌)

孙:曹操虽然爱惜人才,但也嫉贤妒能。杨修是个很有才能的谋士,只因他比较狂妄,不太把曹操放在眼里,就引来了杀身之祸。这样残暴的人怎么能当一国之君呢?

(生鼓掌)

刘:刘备为赵云怒摔阿斗。在关羽死后,他还举兵讨伐东吴,为关羽报仇,为此也搭上了自己的性命。这样仁义的人定可做一代明君。

师:你们不仅书读得透彻,还说得句句在理。刘备爱民如子,实在仁义,是当之无愧的英雄,但是优柔寡断、感情用事;曹操文韬武略、运筹帷幄,是一代枭雄,但是生性多疑、心狠手辣;孙权知人善任、任人唯贤,是英明神武的英雄,但是缺少魄力,业绩平平。金无足赤,人无完人,要想成就一番帝业,非一朝一夕、一己之力可达,须"上得天时,下得地利,中得人和",三者缺一不可。历史无法改变,我们在此讨论他们的是非功过,只为对三位领军人物有个清晰、全面的认识。

(三)趣味积累,心中有英雄

师:一部《三国》,成就了多少英雄豪杰;一部《三国》,留下了多少千古美谈;一部《三国》,衍生出了多少词语典故。让我们看看都有哪些成语呢?

(出示人名,生猜成语,点击显示答案)

刘备——放虎归山	曹操——望梅止渴	关羽——单刀赴会
黄忠——宝刀不老	刘禅——乐不思蜀	诸葛亮——鞠躬尽瘁
赵云——一身是胆	曹植——七步之才	徐庶——一言不发

师:再考考你们的歇后语。

(出示上联,生猜下联,点击显示答案)

> 张飞吃豆芽——小菜一碟　　关公面前耍大刀——自不量力
> 诸葛亮吊孝——不是真心　　诸葛亮借箭——有借无还
> 关羽放曹操——念旧情　　　司马懿之心——路人皆知

师:(总结,播放《三国演义》主题曲)《三国演义》是我国四大名著之一,是文学长河里的一朵奇葩。一部《三国》夺天工,一部《三国》瘾到今。相信每位同学阅读后都有自己的认识和理解,每一次阅读都会给你带来新的收获和思索。希望同学们经常徜徉在这些经典著作中,去感受读书的快乐。

【板书设计】

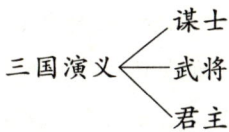

【教学反思】

教师要读"下水书"

随着新课改不断深入推进,一线教师越来越感到了课外阅读的重要性,在教学中也不断地对课外阅读进行引导和加强,甚至不惜用"高压"政策规定学生的阅读量。阅读量是上去了,但读的效果怎么样呢？大多数老师心中没底。为什么呢？这是因为我们课外阅读的反馈机制缺失。教师更多地关注了学生读了没有,读了什么,读了多少,而没有关注到读得怎么样,收获了什么。法国教育家卢梭说过:"读书不要贪多,而是要多加思索,这样的读书使我获益不少。"因此我们应更多地关注学生读得怎么样,收获了什么,这是提高课外阅读效率的重要举措。

课外阅读的反馈机制包括写读书笔记,制作读书卡,试题检测,开展多种形式的阅读交流活动,开展评比活动等多种方式。众多反馈方式中,开展阅读交流活动无疑是最直接、最高效的一种。

1.学生充分的阅读是前提

没有充分的阅读,就没有真切的读书体验。学生如果对所读的书只是囫囵吞枣或浅尝辄止,那么就无法获得书中精华的熏陶,也就不可能会有深度的思考,这样的读书大多是在做无用功。

2. 教师精心的设计是关键

"一千个读者就有一千个哈姆雷特",同一本书,每一个人的阅读体验和阅读收获都是独特的。可是一个人的目光总是有限的,一个人的力量总是薄弱的。为了让学生把这种阅读体验和阅读收获最优化、最大化,教师就需要在学生阅读之后,精心设计课外阅读交流课,营造浓郁的氛围,采用灵活的方式,调动每个孩子交流的欲望,让学生的思维在课堂上碰撞,让学生的收获在课堂中累积。

3. 教师"下水"阅读是保证

所谓"下水"阅读,就是教师要亲自阅读课外书,对书本内容有充分的了解,对书本相关资料有准确的把握,对书本的思想与理念有清晰的认识,对书本的写作意图、写作方法有一定的探索。

"下水"阅读能够帮助教师更好地建立威望。一个在课堂上对学生课外阅读书籍内容了如指掌、侃侃而谈的教师,将会引来很多学生的赞叹,得到很多学生的敬佩。课堂中教师身上浓浓的文化气息,将会感染学生的情绪,陶冶学生的情操。孔子说:"其身正,不令而行;其身不正,虽令不从。"教师阅览广博,积淀深厚,既能得到学生的敬重,又能做学生的榜样。博览群书的种子也许就这样一点一点地落入了学生的心底,在那里生根发芽。

"下水"阅读能够帮助教师更好地调控课堂。由于教师对学生交流的课外阅读内容已经有了充分的了解,对于每一板块学生的交流情况都有了初步的预设,从而能够更好把握课堂节奏,调控课堂气氛。

"下水"阅读能够帮助教师更好地引领方向。小学生年龄小、积累少,心智发育还不够成熟,在课外阅读时往往容易被有趣的、热闹的内容吸引,缺乏独立思考的精神,在分析、比较、概括、总结等方面的思维活动还存在一定的局限性。

因此,教师充分"下水"阅读,能够针对学生内容上理解的不足进行补充,对学生认识上观念的偏差给予纠正,对学生思维上感悟的层次进行提升,对学生精神上价值观、人生观的树立正确引领。真可谓"教师'下水'

阅读之帆扬起,学生课外阅读之船远航"。

【效果评价】 成果交流会上,教师精心设计了三个板块——谋天下谁能运筹、打天下谁与争锋、统天下谁主沉浮,分别采用了智谋连连看、武力排行榜、民主选举会三种不同的形式开展活动,打开学生表达的闸门,依次对《三国演义》中谋士、武将、君主三类人物进行了分析和漫谈。同是人物漫谈,"智谋连连看"是指向明确的点状漫谈,"武力排行榜"是给学生选择的线式比较,"民主选举会"则放手让学生对相关内容进行面式整合,体现了教学由扶到放的过程。学生在回顾《三国演义》主要人物和相关内容时,分析、比较、概括、整合的能力也得到进一步提高。同时,教师在教学过程中注意引导学生对文本的多元解读,丰富学生的感知。

1. 切入的多元化

教师以主要人物为交流抓手,以口语交际为主要交流形式,让学生在充分交流中交换思想、分享体验。因《三国演义》中人物众多,如果让学生泛泛而谈,就会形式单一、内容零散。教师将人物科学梳理为三类——谋士、武将、君主,并根据这三类人群的各自特点,选择谋士的计谋、武将的武艺、君王的整体素质为成果交流的切入口,从不同角度对三类人物中的代表人物做出独到而充分的分析;采用了"智谋连连看""武力排行榜""民主选举会"三种学生喜闻乐见的方式,避免了形式重复,大大调动了学生的交流欲望,为学生积极、充分地交流提供了有利条件。

2. 认知的多元化

学生对语文材料的反应往往是多元的,要珍视学生独特的阅读感受、体验和理解。对于《三国》中不管是"武将的排行"还是"明君的推荐",每个学生都有着自己的想法和理由,正所谓"仁者见仁,智者见智"。教师秉承新课标的理念,打破整齐划一的"齐步走",不用固定的答案去限制学生的思维,而是鼓励学生畅所欲言,大胆地发表自己的观点,指导学生将自己的阅读感受进行有效整合,引领学生一分为二地对人物进行分析,使学生的认知多元化。

3. 评价的多元化

纵观整个教学过程,有针对学生语言表达的评价——"好一个反问句,让人不容置疑啊",有针对学生良好阅读习惯的评价——"你真是个有心的孩子,多方搜集了证据,分析得如此细致,真是难得",有对学生阅读熟练程度的评价——"真好!你把书中的故事变成了自己的积累",也有针对书中人物形象的评价——"七擒七纵,真不愧是足智多谋、运筹帷幄"。多元的评价内容丰富了教师的课堂语言,促进了学生全面发展。

(本课例经安徽省中小学教材审查委员会审定通过,彭竹执教)

第九章　简明的课堂结构

课堂结构也称为教学环节或步骤。合理构建一个优质的课堂结构能充分体现教师先进的教育思想，彰显语文教材的特有功能，有助于发挥学生自主学习的积极性。通过整合贯通流畅的教学步骤，实现语文课堂教学减负增效。

一　凸显整体把握

课堂结构反映教学横向的层次和环节。优质的课堂结构注重整体设计，要求结构合理，层次清晰，整体感强，能保证学生充分的学习时间和空间，体现"教为学服务"的教育理念。

一篇好文章总有牵一发动全身的"点""线""面"——关键的词语、文眼、警句、过渡段、文题，等等。它们或统领全文，或概括内容，或提示中心，或揭示内涵，或标明作者意图，或流露作者情感，是破解全文密码的关键所在。抓住这些"点""线""面"，同时拓展到全篇，设计教学程序，就能顺畅地实现"整体感悟"和"整体把握"。如特级教师孙双金教学《泊船瓜洲》一诗，他扣住"还"字搭建整节课结构：靠家近——应该还，离家久——更该还，思家切——不得还。一个"还"字带动全文，整体把握的功效让人振奋不已。

二 展现层次明晰

优质的课堂,结构层次明晰,整体框架与各环节、环节与环节之间相互依赖、相互联结、相互促进的多维网状结构符合逻辑。优质课堂往往以目标为导向,层层推进,展现课堂结构序列清晰、层次分明,符合语文学习规律,具有相对的稳定性。如,"以学为本"的课堂结构框架为:自读互文—由读学写—读写结合—课内外一体化。

三 强调环节紧凑

一节课的课堂结构是否合理,还要看教师在教学重点、结构安排的时间分配与衔接是否恰当,看有无前松后紧或前紧后松等现象,看学与练的时间搭配是否合理,看有无教师占用时间过多、学生活动时间过少的现象等。

教师若珍视40分钟的课堂效益,就会认真审视自己的教学行为。做到教学环节程序严谨,过渡自然,前呼后应重整体;重点突出,环环入扣,层层推进合逻辑;环节紧凑,密度适中,时间分配须合理。小学语文教学环节一般不宜安排过多,一节课三、四个环节即可,力求课堂结构简单明了。

基于整体把握的课堂结构,纵为层次明晰,横是环节紧凑,依层逐级组构简明的课堂结构,充分发挥教学的最大效益。

人教版五年级下册《桥》
第一课时课堂结构框架

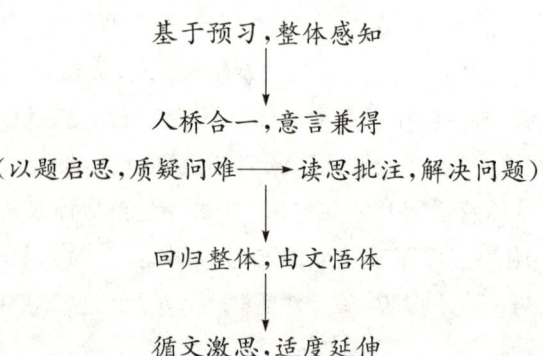

人教版五年级下册《桥》
第一课时教学设计

一、教材分析

《桥》是人教版五年级下册第四单元的一篇精读课文。本单元主题是"他们让我感动",其他几篇文章均为革命传统教育故事。单元训练重点:一是体会文章表达的思想感情;二是领悟文章表达思想感情的方法。

本文作者深情塑造了一位老支书的光辉形象:面对狂奔而来的洪水,以自己的党性和威信,果断指挥,将村民们送上跨越死亡的生命桥。他就是一座桥,一座用生命筑起的"党群桥"。这正是课题所蕴涵的深意。

本文是篇小小说,表达独具风格:情节跌宕起伏,扣人心弦;语言简练生动,留白巧妙,谋篇布局精巧,余韵久驻。本文有三个突出的表达特点:构思精致,设置悬念,前后照应;句段简短,渲染有力;修辞丰富,表现力强。

选编本文的目的,一是继续引导学生在感人的故事中受到情感的熏陶和感染,体会作者表达的思想感情,二是帮助学生在读书思考中领悟作者的表达方法。

二、教学目标

1. 基于自主学习生字新词,理解"狞笑""浩浩荡荡""跌跌撞撞"等重点词语,体会作者语言简洁而丰富的特点。

2. 通过正确、流利、有感情地朗读课文,体会灾难面前的老支书无私无畏、不徇私情、英勇献身的高贵品质,积淀朴素而厚重的情感。

3. 初步理解课题内涵,大致了解小小说的文体特点。

三、教学重点

1. 抓住人物语言,运用"聚焦提示语,把握人物形象"的阅读策略,感悟老支书的崇高精神。

2. 学习运用简短而有力的语言表达朴素而深厚的情感。

四、教学难点

1. 理解题目"桥"所蕴涵的深刻含义。

2. 在读思交流中品悟文章构思别致、句段简短等表达特点。

五、教学准备

学生预习课文;教师制作课件。

六、教学过程

(一)基于预习,整体感知

1.直接入课。师生共同板书课题。

2.师:通过预习,课文给你留下印象最深的是什么?

预设:可以是场景、人物、细节等。

3.了解预习,找准基点。

(1)出示三组词语:

咆哮	狞笑	放肆	势不可当
惊慌	疯了	乱哄哄	跌跌撞撞
清瘦	揪出	胸膛	豹子

开火车读。其他同学边听边思考:每行词语分别是写什么的?

预设:

①第一行词语描写洪水肆虐。

重点理解"势不可当""狞笑"等词语的意思,以"狞笑"为例辨别词语的感情色彩,强化准确用词的意识。

②第二行词语描写人们面对突如其来的洪灾惊慌混乱。重点理解词语"跌跌撞撞"的意思。

③第三行词语是描写老汉的。

将词语放入文中,有助于理解词语的意思。

(2)课件出示含有生字新词的句段。学生朗读。

> 水渐渐窜上来,放肆地舔着人们的腰。
>
> 老汉突然冲上前,从队伍里揪出一个小伙子,吼道:"你还算是个党员吗?排到后面去!"老汉凶得像只豹子。
>
> 小伙子瞪了老汉一眼,站到了后面。
>
> 木桥开始发抖,开始痛苦地呻吟。
>
> 水,爬上了老汉的胸膛。最后,只剩下了他和小伙子。

4.指导练字,注重养成。

重点指导书写"肆"字。学生自主练字:咆哮、狞笑、放肆。

5.速读全文,思考课文主要写了什么内容。

预设:本文内容是,村党支部书记在山洪暴发的黎明,指挥一百多个村民通过小桥安全撤离,最后自己和儿子英勇牺牲。

【设计意图】 检查预习的目的,一是了解学情,找准教学切入点;二是将学生的零碎、凌乱的记忆进行梳理归整,强化整体感知;三是及时督查,有利于良好学习习惯的养成,使学生受益终身;四是使学生课始即对主要人物有了初步印象,构建课内外一体化的有效语文学习场。

(二)人桥合一,言意兼得

1.以题启思,质疑问难。

师:围绕课题,你有什么问题需要解决?

(1)学生质疑。预设:

①课题是"桥",主要写的却是老汉,为什么?老汉是个怎样的人?

②课文为什么以"桥"为题?课题"桥"所蕴涵的深意是什么?

③课文为什么用大量的笔墨描写大雨和洪水,对写桥有什么好处?

(2)教师梳理。

【设计意图】 有效阅读从研究课题开始,高效学习从积极思维起步。学生主动思考,是实现自主学习的良策。尊重学生的质疑问难,得以落实"教为学服务""以生为本""以学定教"的教育理念。

2.读思批注,解决问题。

解决关于课题内涵的问题。

课件出示:

> 默读课文,用横线画出描写桥的句子,用波浪线画出描写老汉说话的句子。思考:桥为何如此重要?老汉是个怎样的人?人与桥有着怎样的联系?在文旁批注。

(1)学生默读静思,圈画批注;教师巡视,了解学情。

(2)多元交流,解决问题。

①依循主线,把握全篇。

学生读描写桥的句子。课件出示带有"桥"字的五句话:

> 只有北面有座窄窄的木桥。
> 人们跌跌撞撞地向那木桥拥去。
> 一百多人很快排成队,依次从老汉身边奔上木桥。
> 木桥开始发抖,开始痛苦地呻吟。
> 突然,那木桥轰地一声塌了。

学生在读中说体会,谈发现。

预设:桥很重要,是一座生命桥,同时很脆弱。随着桥的变化,情节不断发展。这五句话是一条贯穿课文始终的主线。

【设计意图】 这五句话作为主线贯穿课文的始终,从文中找出来集中学习,前勾后连,读思品悟,以增强教学整体性,涵养学生语感,提高阅读品质。

②紧扣语言,体会形象。

学生读描写老汉说话的句子。

课件出示:

> 老汉沙哑地喊话:"桥窄! 排成一队,不要挤! 党员排在后边!"
> 老汉冷冷地说:"可以退党,到我这儿报名。"
> 老汉突然冲上前,从队伍里揪出一个小伙子,吼道:"你还算是个党员吗? 排到后面去!"老汉凶得像只豹子。
> 老汉吼道:"少废话,快走。"他用力把小伙子推上木桥。

师:人物形象把握好,提示语言少不了。请同学们联系提示语,谈谈你眼中的老汉是个怎样的人。

a.预设学生交流情况:通过"沙哑地喊话"以及感叹号体会到老汉满心焦虑。"冷冷地"是及时的回应,体现了老汉坚持共产党员先进性的高尚品质。两次都是"吼道",情形不同,目的不同(一次"揪出",一次"推上"),语气不同,引导学生体会老汉的性格特点:"凶"的背后是坚持原则,胸怀大爱。

b.指导学生有感情地朗读,体会老汉威严镇定、无私无畏的精神。

【设计意图】 紧扣老汉说的四句话,聚焦提示语,揣摩人物性格,体悟老支书的崇高品质,准确把握人物形象。渗透抓语言体会人物形象的方法,让学生在语文实践中习得策略,提升阅读能力。

③以读悟道,人桥合一。

a.理解"桥"的内涵。

预设:桥似人,人是桥;桥中有人,人桥合一。(板书:党群桥)

b.合作朗读,人桥合一。

朗读分工(配乐):女生读描写桥的句子,男生读老汉说话的句子,老师读"有人喊了一声"这句话。课件出示:

> 只有北面有座窄窄的木桥。
>
> 人们跌跌撞撞地向那木桥拥去。
>
> 老汉沙哑地喊话:"桥窄!排成一队,不要挤!党员排在后边!"
>
> 有人喊了一声:"党员也是人。"
>
> 老汉冷冷地说:"可以退党,到我这儿报名。"
>
> 一百多人很快排成队,依次从老汉身边奔上木桥。
>
> 老汉突然冲上前,从队伍里揪出一个小伙子,吼道:"你还算是个党员吗?排到后面去!"老汉凶得像只豹子。
>
> 木桥开始发抖,开始痛苦地呻吟。
>
> 老汉吼道:"少废话,快走。"他用力把小伙子推上木桥。
>
> 突然,那木桥轰地一声塌了。

(3)读写互动,体会父爱。

①创境写话(配乐):老汉似乎要喊什么。他要喊什么呢? 出示:

> 联系课文,把老汉想喊的话写下来。表达要符合故事情境,语言要简练生动。
>
> 老汉喊道:＿＿＿＿＿＿＿＿＿＿＿

②学生练笔,展示评点。

教师下水小练笔:

老汉喊道:"儿子! 危险!"

老汉喊道:"儿子！稳住！"

老汉喊道:"儿子！走出去！"

老汉喊道:"儿子！别离开！"

老汉喊道:"儿子！活着！"

……

【设计意图】 学生披文入境,凭借朗读,体会人桥合一,力破学习难点。读写互动,让学生在迁移运用中把握语言特点,领悟文本内涵。练笔虽短,却让学生真切体会到深深的父爱,更感悟到胸怀大爱的崇高。学生的认知由此走向深刻。人文濡染与学习语言文字运用高度融合,实现语言与情感的同构共生。

(三)回归整体,由文悟体

解决关于课文表达的问题。

1.速读全文,联系文体,整体感知表达特点。

小贴士:紧扣特点,整体把握。

2.讨论交流:你发现课文有哪些表达秘妙?

预设学生交流:文章用简短的句段来渲染紧张的气氛。环境描写烘托出情况紧急,人们的惊慌混乱衬托出老汉的镇定果断……

(板书:句段简短　巧设悬念　……)

3.教师梳理提炼,学生大致了解小小说的文体特点。

小小说的文体特点:语言简练,大量留白,篇幅短小;选材精,结构巧,含意深;主题单纯突出,人物形象鲜明;情节起伏跌宕,结尾出乎意料。

4.总结收获:通过这节课的学习,你有哪些收获?

学生总结学习收获。结合板书,回观问题的解决情况。

5.再读课题,体验情感。

学生齐读课题。

师:你的心中涌起怎样的情感?

预设:崇敬！感动！敬意！

师:阅读丰富了我们的情感体验,这也是学习语文的收获！

【设计意图】 此环节引导学生整体把握文本的表达特点。学生在充分读思交流中已经触摸到小小说的表达秘妙,但不能清楚、系统地表述出来,亟须助力提高,此时教师的梳理提炼成为必要。在恰切时机,随文了解语文小知识有利于学生形成语文能力。这正是"需要教"的内容。

(四)循文激思,适度延伸

1.依托文本,激思存疑。

(1)师配乐朗读故事结局。

> 五天以后,洪水退了。
> 一个老太太,被人搀扶着,来这里祭奠。
> 她来祭奠两个人。
> 她丈夫和儿子。

(2)师:(激思结课)下节课,同学们还要继续学习文中的细节描写,体会环境描写和修辞运用的表达效果。

2.布置作业,适度延伸。

(1)积累。摘抄本课有特色的语言,多留意生字新词,力求书写规范、美观。

(2)整理。整理学习笔记,完成课后第二、三题。

(3)阅读。阅读《回家》(见人教版五年级下册《同步阅读》)。

【设计意图】 作业设置将积累与运用、课内与课外融为一体,适度延伸语文学习的时空,为提高语义教学质量提供保障。

【板书设计】

16 桥

党群桥

老汉　　　人们

洪水放肆

预设学生板书:巧设悬念　环境

(本课例荣获安徽省第五届青年教师阅读教学观摩研讨活动优质课评选一等奖,胡晓燕执教,吴福雷、周玲指导,2012年)

第十章 扎实的教学过程

扎实的教学过程是优质课的重要保障。阅读、感悟、质疑、运用贯穿课堂始终,灵活运用听、说、读、写、思的方式学习字、词、句、段、篇,不仅学习了语文知识,还在训练语文基本功的过程中习得学习方法,在"润物细无声"中濡染语文情怀。这种具有学科特质、智慧灵动与生命活力的状态,正是在扎实的语文教学过程中呈现的。

一 落实自主学习

自主学习是在自我监控下的学习,是一种高品质的学习。自主学习是一个自问、自思、自答的过程,是一个自我揣摩、领会、涵泳、体味、比较、分析、研究的过程。实施扎实的教学过程首先要落实学生自主学习,主要从四个维度推进。

1. 积极参与是落实自主学习的前提

积极参与旨在培养学生良好的情感、态度与人际关系。学生从情感上愿不愿意参与教学,可以说是衡量自主学习的标准。从情感上愿意学习就是积极学习,积极的情绪状态下学习的效果最佳。因此,积极参与是学生自主学习的前提。积极参与的表现是:情绪饱满,交往互动,参与面广。

2. 有效参与是落实自主学习的保障

学生是否有效参与语文学习,其重要指标是看学生的思维是否参与学习,看学生有效思维的长度。在教学中应注重对学生思维习惯和思维品质的培养,拓展思维空间,提高教与学的质量。学生的思维应该是积极主动、张弛有度、多维立体的。有效参与旨在开发学生智力,培养学生创新能力与实践能力。思维活动是认知的核心。如果思维真正参与到学习中了,智力就能得到开发,创新能力也能得到培养。学生如果没有有效参与,就不可能有真正的自主学习。

3. 善于质疑是落实自主学习的策略

学生是否高质量参与建构语文知识,要看学生是否在不断质疑、不断修正、探究新知,不断习得自主学习语文的能力。学生质疑点可以选择在文本内容的矛盾纠结处,在纤毫毕现的细节刻画上,在独特别致的修辞格式中,在巧妙契合的表达方法里。学生在思辨言说的过程中"潜入语言内核",思考作者怎样用心思,怎样有条理地表达,为何用这样的方式来表达。学生紧扣目标思考问题,带着思考阅读,这样的读写活动能促进学生自主建构言语智慧。学生在听说读写活动中,灵活运用学习策略,准确把握文本价值取向,同时学习语言背后的思维方式,并学会选择适合自己的学习方式。

4. 归还时空是落实自主学习的方式

教师应把课堂时间和空间还给学生,让学生拥有更多的独立学习时间,自主实践机会充分。教师精讲应是引导、启发,指出思考的方向,不是直接告诉学生答案,这样能给学生独立思考的思维空间,让学生自己学习、探索,亲历语文实践。多项数据显示,在一节优质课上,学生所用的时间应超过整节课时间的三分之二。教师应以此比照自己的教学,诊断课堂时空的分配是否科学。

小学语文优质课强调教学过程是学生主动探索知识的过程,关注学生的学习体验以及情感、态度、价值观的涵养。教师应落实自主学习,鼓励学生主动参与学习、自主阅读、自由表达,充分激发他们的问题意识和进取精神,同时关注个体差异和不同的学习需求。

二　促成有效互动

有效互动是在教师、学生、教学内容、编者意图、教学媒体等各要素之间产生的一种激发学生学习兴趣、激活学生思维、体现学生生命活力的课堂教学行为。小学语文优质课重视在教学过程中促成教师与学生群体之间、教师与学生个体之间、学生个体之间、学生个体与群体之间、学生与文本之间、学生与教学媒体之间多向的有效互动。教师不仅要自己关注,还要培养学生学会关注。在互动过程中,教师关注学生在学习过程中的变化与发展,及时回应学生的提问,实现师生有效互动。

课前充分准备是有效互动的前提。教师对课程标准、教学内容的准确把握,对学情的全面了解与研究,对教学环节清晰而周密的思考,对课堂可能发生的情况的充分预设,是实现有效互动的基础。下面片段中的楚立蕾老师在课堂上促成的多向有效互动,成就了一节经典的小学语文优质课(获全国苏教版实验教科书第三届小学语文课堂教学大赛特等奖第一名)。

【教学片段】　苏教版四年级下册《宋庆龄故居的樟树》(3)

(生读课文的第四、五两个自然段)

师:你对樟树有了哪些了解?

生1:四季常青,蓬蓬勃勃。

(请生板书)

生2:四季常青。(说后板书)

生3:枝干粗壮。(说后板书)

生4:香气永存。(说后板书)

生5:我找到的是蓬蓬勃勃。

师:你找的这个词非常关键,老师等会儿找你说。

生:我找到了不招虫。

(请生板书:不招虫)

生:我了解到香樟树树叶稠密。

(请生板书)

【评点】　采用师生合作的方式将板书写了出来。透过这个小细节可以看到楚老师让学生充分参与课堂所有活动的思想。此时,有的学生发言,有的学生板书,所有的人都动起来了。当然,这里的"动"指的不光是言语和行动,还有思维的活动,是多形式的有效互动。

师:"蓬蓬勃勃"是什么意思?
生1:形容它很有精神。
生2:形容兴旺繁荣。
师:换一个词是不是更好呢?形容繁荣茂盛。
师:(师出示"蓬勃"与"蓬蓬勃勃")"蓬蓬勃勃"可以换成"蓬勃"吗?
生1:不行,这样形容繁荣茂盛的语气就体现不出来了。
生2:运用"蓬蓬勃勃"更有气势,更有韵味。
师:老师想表扬大家了。刚才这两位同学大大方方,大家听课认认真真。

(此时,生若有所悟,踊跃回答)
生1:我今天出去玩,高高兴兴。
生2:我们的日子过得红红火火。
师:读读课文第四自然段,看看哪里写出了这种蓬蓬勃勃,圈出这样的字或词。

【评点】 互相关注与倾听是有效互动的保证。楚老师此处与学生互动有效,及时更正学生用词不妥,在运用语言文字的过程中引导学生准确用词,清楚表达。讲到"蓬蓬勃勃"时,通过换词比较,感受叠词的表达效果。然后,结合学情,充分利用课堂生态资源,让学生在优化的学境中,通过语文实践运用,更深刻地体会叠词的表达效果,从而实现互动的真实、有效和动态生成。

师:那么,樟树不招虫、香气永存等特点是怎么写的?
生:直接写出来的。
(生读描写石榴树的句子)
师:这是描写石榴树的句子呀。
生:(顿悟)这是用了对比的方式。
师:请分角色对比着读。
(生读书)
师:我们来对比着说一说。

(生进行口语训练)

【评点】 提问是教学的一种手段,是实现师生互动的载体。高超的提问艺术能激活学生的思维。楚老师以提问的方式将学生的思维引向文章的表达,去关注怎么写樟树特点。此问切中学生的要害,是学生的"最近发展区"。教师借助课文内容,通过有效点拨,加上"对比着读"的方式,促进学生在读中初步领悟对比的写作方法,让"对比"写法在学生头脑里初步得到强化,再采用引说的方式引导学生分别从几个层面进行对比着说。楚老师将学生的错误通过多向的有效互动,转化成教学亮点,彰显了扎实的教学过程和高超的教学机智,实现了语文课堂情智飞扬。

三 优化课堂练习

课堂练习是教学过程中重要的一环,起着监控、巩固、反馈的作用。可以说,要改变学生的学习方式,需从优化课堂练习入手。练习设计从内容到形式可以是丰富而灵活的,从设题到支招应该是讲究质量、预备充分的,以达到全程优化的效果。课堂练习可以安排在课始阶段,作为新旧知识的连接载体,起到温故知新的作用;也可以安排在课中阶段,让学生通过实践加深理解和掌握所学内容,以完成教学任务;还可以安排在总结阶段,以巩固所学知识,帮助学生当堂消化。

教师在确定需要练习的时机和具体技能时,就要充分预设支招策略和引导方式。要先让学生了解课堂练习的预期效果,明确练习要求与目的,再给学生足够的自主练习、实践语文的机会。最后要提供及时明了的反馈评价,有助于提高学生的学习效果。评价时,可以综合运用教师评价、同伴评价、自我评价等方式。另外,还要提醒学生利用教师的反馈信息改进学习,呈现学生在课堂中的成长,努力提高语文基本技能和解题技巧。可以说,增强课堂练习的有效性是提高课堂效率的好办法。

如,为了紧扣和服务于教学目标,教师根据《在大海中永生》教学重难点,设计了课堂练习"读写迁移,能力训练",让学生在扎实的学习过程中深入理解文本内涵,运用朴实的语言表达真情实感。

【教学片段】 苏教版五年级上册《在大海中永生》
师:请把目光聚焦在语言文字上,发现这些句子有什么特点了吗?

生:这是一组排比句。

师:(板书四个"也许……")排比句读起来令人情感愈发浓烈。这四个"也许"句该怎么读呢?自己先练一练。

(指名读,相机指导)

师:是啊,他所做的一切人民不会忘记。当浪花把他的骨灰送往这些地方的时候,那里的人们会说些什么呢?咱们分小组合作写一写。

(生练笔后展示)

生:当浪花把他的骨灰送往祖国的万里海疆,全国人民会说:"谢谢您!是您带领我们改革开放,让我们过上了幸福美好的生活,我们永远怀念您!"

师:心怀感恩!

生:港澳人民会说:"谢谢您!是您的'一国两制'政策让我们回到祖国温暖的怀抱,遗憾的是您没能亲眼见证那激动人心的一刻!"

师:真挚感人!

生:台湾同胞会说:"我们是祖国不可分割的一部分,您放心,总有一天,我们会投入祖国母亲的怀抱!"

师:情真意切!

……

师:你们道出了人们的心声,这哪里是在送别伟人,分明是在歌颂伟人啊!(板书:颂)此时此刻,我很想和大家再读读这段文字。

(配乐,师生合作读)

师:请大家合上书,让这么美的文字深深印在我们的心中。

(师生齐背)

【评点】 教师精心设计练习,引领学生走向文本语言的秘妙处。让练习聚焦在具体的语言文字上,请学生诵读排比句,使其体味排比的修辞方式。通过这种练习,唤醒学生关注文章是"怎么写的",并迁移"我会怎么写",使读写共融互促。此时的学生情动辞发,及时练笔将个体解读、感悟与情感积淀下来,凝结成学生个性化的思想。学生在有效积累表达范式的同时,更深入地领悟了文本的主旨。

语文学习的最终目的是实践运用,即"知其意而得其用"。学生凭借自己的知识和阅历去理解、感悟文本,多角度、多层面体味文本,使其成为富有活力的生命元素,在学生头脑和心灵里自然生成一股积极的力量。本片段,教师引导学生生动地练习,在听说读写训练过程中感悟语言、积累语言、运用语言、发展语言,使工具性与人文性水乳交融,让课堂练习充溢着浓郁芬芳的语文情怀。

当然,根据学生的学习需要,教师还可以利用现代教育技术和科研成果,如多媒体交互式电子白板以及"一起练习吧"作业系统,针对学生学习的薄弱点,合理改良训练内容,体现灵活性、层次性、实效性,运用先进、便捷的操作系统提高课堂练习的效益,使课堂练习更具吸引力和适度挑战性。

苏教版五年级下册《水》
第一课时教学设计

一、教材简析

《水》是苏教版五年级下册第七组中的一篇记叙文。本文结构清晰,主题明确。作者通过细腻传神的语言和"反衬"手法,回忆了儿时洗澡的不易,极为巧妙地写出了缺水的苦涩和水的珍贵,呈现的是"含泪的微笑",带来撼人心魄的酸涩。

本文与《古诗两首》《望月》《灰椋鸟》同编在"人与自然"主题单元中,旨在让学生认识到,人与自然是相互依存的,我们人类要和自然和谐共处,要懂得珍惜水资源。本文同时可以让学生学习作者生动描写的方法,领悟"反衬"的写作手法。

二、教学目标

1. 自主学会三个生字,重点指导书写"膝";运用"难点突击法",让学生能正确、流利、有感情地朗读课文。

2. 基于整体感知,紧抓"请我喝酒不如请我喝水""你们真是饿坏了"等重点语句,体会缺水给人们带来的苦涩,懂得珍惜水资源。

3. 领悟作者运用具体数字、纤毫毕现的细节刻画等表达方法,学习并尝试运用。

三、教学重难点

1. 抓住"请我喝酒不如请我喝水""你们真是饿坏了"等重点语句,整体把握课文,体会缺水给人们带来的苦涩,懂得珍惜水资源。

2.领悟作者运用具体数字、细节刻画等表达方法,学习并尝试运用。

四、教学准备

教师准备预习卡、多媒体课件;学生预习课文。

五、教学过程

(一)谈"水"揭题,导入新课

1.师:都说"仁者乐山,智者乐水",和老师一起写"水"字,左边的横撇与竖钩保持一点距离,右边的撇、捺紧贴竖钩,这叫疏密有致。

(板书课题)

2.师:水在《欢乐的泼水节》中是吉祥如意的象征,在《大禹治水》中是一场场灾难。在你看来,水是什么呢?在作家马朝虎的眼里,水又是什么呢?

【设计意图】 联系旧知,激活学生的认知储备,简单入课。

(二)检查预习,整体感知

1.听写生字,重点指导写好"膝"字。

师:膝,左右结构,左窄右宽,右边上面"木"字捺变点,收;中间撇捺伸展,放;下面像水不是水,竖钩点提撇和点,又收。看,这就是汉字的收放自如。请大家先描再写。

2.检查朗读,重点指导难读的句子。

师:课文读好了吗?要提醒大家注意什么?

预设:在水的滑动中,我听得到每个毛孔张开嘴巴的吸吮声,我感觉得到血管里血的流动在加快。

师:(出示"血"的读音)我感觉得到/血管里/血的流动在加快。你们也试着读一读。

3.整体感知课文内容。

师:请大家速读课文,说说课文主要写了什么。

师:文中的哪些场景给你留下了深刻的印象?试着用小标题来概括。

(板书:十公里挑水　下雨天洗澡　一勺水冲凉)

师:(指板书)我们也可以用这样的方法概括出课文的主要内容。

4.纵观课文,质疑问难。

师:读了这些内容,你产生了哪些疑问呢?

预设:
(1)为什么把"渴"说成"饿"?
(2)缺水给村里人带来了"苦"。作者为什么具体生动地描述水给村里人带来的"乐"?

【设计意图】 检查预习的目的是找准学生的"最近发展区",在整体感知的基础上培养学生的概括能力和质疑能力,真正做到以学定教。

(三)紧扣主题,言意并举

1.聚焦人物语言,提炼研读主题——缺水之苦。

师:文中有两处语言描写(出示"请我喝酒不如请我喝水""你们真是饿坏了"),都说"言为心声",他们想用这两句话表达出怎样的心声呢?

(指导学生读出自己的体会)

师:是啊,水成了村里最珍贵的东西。缺水给他们带来了多少辛酸和苦难啊。

2.潜心会文,探究"缺水之苦"。

课件出示:

> 自学提示:
> 默读课文,找出描写缺水之苦的语句,圈画批注。想一想,作者是怎样生动描述缺水之苦的?

(生自读,师巡视)

3.交流所得,共鸣"缺水之苦"。

预设一:

◆记得那时候我们一个村子的人吃水,都要到十公里之外的一处很小的泉眼里去挑,经常要排上一个小时的长队,才可以挑上一担回家。

(1)想象画面,感受挑水之艰。

①指名交流,指导读出自己的理解。

师:知道十公里有多远吗?一个人以正常的行走速度,大约要走两个小时,何况他们回来时还要挑着水走呢。水来得容易吗?(不容易)请同学们认真读,体会这份艰辛。

②师:读着读着,你仿佛看到了怎样的画面?

（根据生所述画面，及时评价。预设：芸芸挑水人，漫漫挑水路，小小生命泉，长长排水队，含泪的微笑，苦涩的汗水……）

（2）紧抓数字，指导有感情地朗读。

师：缺水给他们带来的是——一个字，那就是"苦"。这段文字中有"苦"字吗？（生答：没有）那作者是如何让我们感受到这份苦涩的呢？（运用具体数字生动描述）

（3）教师提炼，指导有感情地朗读。

师：不用一个"苦"字，仅用一串数字就串起了万分艰辛的挑水之苦，多么生动的描写啊！让我们一起感受这串沉甸甸的数字。

（生有感情地朗读）

（4）回扣主线——"请我喝酒不如请我喝水"。

师：这水来得多不容易啊！难怪村里人说得最多的就是——

生：请我喝酒不如请我喝水。

预设二：

◆只有在下雨的日子里，大家才可以痛痛快快地洗上一回澡。

（1）比较句式，体会洗澡之难。

①指名交流，用朗读表达理解。

②出示"只要在下雨的日子里，大家就可以痛痛快快地洗上一回澡。"学生朗读比较，体会"只有……才……"的表达效果。

（2）教师提炼，指导有感情地朗读。

师：不用一个"苦"字，一个"只有……才……"便连接无水洗澡的苦涩与无奈，多贴切啊。请大家一起读。

（生有感情地齐读）

（3）回扣主线——"请我喝酒不如请我喝水"。

师：想痛痛快快地洗上一回澡都这么难，缺水实在太苦了。难怪村里人说得最多的就是——

生：请我喝酒不如请我喝水。

预设三：

◆特别是在夏天，在骄阳下忙了一天之后，男女老少都有一种将要被风干的感觉。

(1)联系生活,谈缺水之感。

师:生活中,你有过缺水的经历吗?感觉怎么样?缺水的程度达到"将要被风干的感觉"了吗?

(生谈体会)

师:你的这种缺水的感觉离风干的感觉还有很远呢(出示图片)。看着这图片,你能想象出人们那将要被风干的状态吗?(指导学生从外在的表现和内在的感受两个方面来说)

(2)想象练笔,体"风干"之苦。

师:让我们拿起笔,想象"将要被风干的感觉",再写出你的感受。如果能学习作者这种不用一个"苦"字却能生动描述缺水之苦的方法,不用一个"干"字就把这种"将要被风干的感觉"生动描述出来,那就太妙了。

课件出示:

> 特别是在夏天,在骄阳下忙了一天之后,_____

(根据学生练笔,对细节刻画进行相应指导,并及时评价)

(3)教师提炼,指导有感情地朗读。

师:这将要被风干的感觉真是让人苦不堪言啊。文中有"苦"字吗?(没有)所有缺水的苦痛与难熬,尽在"风干"一词中。这就是语言的力量。我们一起来体会这"风干"的内涵。

(4)联系下文,品"风干"之痛。

师:作者在文中也有一处具体描写"将要被风干的感觉"。(出示:我们四兄弟,像四根将要被晒干的狗尾巴草一样,从小到大,排在了母亲的跟前)一个比喻句就生动地描写出缺水之苦。

(5)回扣主线——"请我喝酒不如请我喝水",连接"你们真是饿坏了"。

师:此时此刻,他们多么渴望——

生:喝上一杯水,好好地洗上一回澡啊。

师:难怪村里人说得最多的话就是——

生:请我喝酒不如请我喝水。

4.合作交流,升华"缺水之苦"。

师:看着四兄弟,母亲终于打开水窖,用一勺水为他们冲凉,说了一句耐人寻味的话。(出示:你们真是饿坏了。)

师:明明是渴,为什么把"渴"说成是"饿"呢?课文读到这,相信同学们的心中一定有了自己的理解。请联系上下文,联系自己的经验,联系生活积累,展开小组讨论,共同探究"饿"字之谜。

课件出示:

> 小组讨论,合作探究:为什么把"渴"说成"饿"?

预设:

(1)课文第二自然段中,作者写了"去吃来自天空的水",和最后的"饿"前后呼应,写出了人们把水看作粮食一样珍贵。

师:一个"饿"字表明了水的弥足珍贵。

(根据学生的回答,及时小结)

(2)"渴"是口干想喝水,而"饿"是肚子空想吃食物,"饿"字表现的程度更深,用"饿"更能体现人们缺水的程度深。

师:一个"饿"字表现了人们极度的缺水之苦。

(3)"渴"的感觉似乎还能忍受,"饿"字却让读者感觉人们现在急需水,没有水就不行。

师:一个"饿"字表达了人们急切的盼水之情。

师:饿水苦啊,一个"饿"字承载着多少的苦与情。"饿"坏的仅仅是这四兄弟吗?

【设计意图】 通过自读自悟、合作交流,践行以感受缺水之苦为经,以发现言语之妙为纬的设计理念。借"风干"迁移练笔,集理解、想象、表达训练于一体,读写互动,言意并举,以提高教学效率。

(四)前后联结,整体回顾

1.创境导读,前勾后联。

(播放音乐,出示环境缺水的图片,师生对读)

师:这是一个缺水的村子。挑水的路实在是——

生:(读)太远了。

师：泉眼实在是——

生：(读)太小了。

师：挑水的队伍实在是——

生：(读)太长了。

师：没有水的日子实在是——

生：(读)太苦了！

(出示重点语段，示意学生读)

生：(读)我出生在一个缺水的地方。记得那时候我们一个村子的人吃水，都要到十公里之外的一处很小的泉眼里去挑，经常要排上一个小时的长队，才可以挑上一担回家。水，成了村子里最珍贵的东西。

师：因为缺水，洗澡变成了一种奢望。

生：(读)只有在下雨的日子里，大家才可以痛痛快快地洗上一回澡。

师：下雨天，这样美好的日子毕竟太少了。

生：(读)更多的是干燥和炎热。特别是在夏天，在骄阳下忙了一天之后，男女老少都有一种将要被风干的感觉。

师：看着像要被晒干的狗尾巴草一样的四兄弟，母亲说——

生：(读)你们真是饿坏了。

师：看着这些历经辛苦远途挑水的人们，我们想说——

生：(读)你们真是饿坏了。

师：看着这些饱尝苦涩无水洗澡的人们，我们想说——

生：(读)你们真是饿坏了。

师：看着这些极度缺水将要被风干的男女老少，我们想说——

生：(读)你们真是饿坏了。

师：难怪村里人说得最多的话就是——

生：(读)请我喝酒不如请我喝水。

师：唉，你们真是饿坏了。

2. 总结语句"请我喝酒不如请我喝水""你们真是饿坏了"的精妙。

师：这两句话一前一后，一唱一和，共同道出人们极度缺水之苦。(板书：苦)

3. 激思存疑，延伸秘妙。

(1)师:缺水给村里人带来了"苦",作者为什么具体生动地描述水给村子里人带来的"乐"?这将是我们下节课要重点探究的语言秘妙。

(2)布置作业。

课件出示:

> 课后作业:
> 1.积累描写干燥缺水的语句,要求书写工整,行款规范。
> 2.完成课后第3题。
> 3.推荐阅读:《神秘的罗布泊》(见苏教版五年级下册《同步阅读》)。

【设计意图】 回归整体,学生带着问题走出课堂,课内外链接,以学生的可持续发展作为教学的终极目标。

【板书设计】

(饿)水

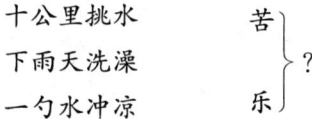

【教学过程评价】 本课教学过程真实、扎实、朴实。如,通过检测预习效果找准学生的"最近发展区",真正做到以学定教、顺学而导、寻难而教。在初读课文、整体感知的基础上培养学生的概括能力和质疑能力。精读课文,紧扣主题,借"风干"迁移练笔,集理解、想象、表达训练于一体,读写互动,言意并举。整堂课以感受缺水之苦为经,以玩味文字之妙为纬,双轨并进,"苦""乐"同行,螺旋上升,可谓匠心独运。一方面让学生在读中体味涵泳,受到人文熏陶,另一方面让学生在悟中斟词酌句学习语言文字运用,领悟文章的表达方法,从而实现人文性与工具性的统一,提高了课堂教学效率。

(本课教学荣获安徽省第五届青年教师阅读教学观摩研讨活动优质课评选一等奖,彭竹执教,胡晓燕、张德银、冯晓燕等指导,2012年)

第十一章　绿色的教学评价

教学评价是指依据一定的客观标准,对教学活动及其结果进行测量、分析和评定的过程。本文所述"教学评价",主要是指在语文课堂上教师对学生学习的评价,是为了促进教学过程的丰富有效、教学目标的全面达成。

教学评价的根本目的在于提高课堂教学质量,使教学活动达到预定目标,促进学生更好地发展。绿色的教学评价旨在以客观的实事求是的态度,参照科学可行的评价标准,提供学习活动的反馈信息,以便学生将外界评价有效迁移转向自我评价与内在审视,主动调节学习活动,获得健康发展。

一　激励性教学评价

激励性教学评价是指教师采用丰富的评价语言,从正面对学生加以引导,激励学生,从而调动学生学习的积极性、主动性。

【教学片段】　人教版二年级上册《称赞》

学生在描红、临写"板"这个生字时,有个男生写得不好看,他紧张地看着老师的表情。老师仔细观察后,又巡视了其他学生的书写情况,接着面向全体说:"想把'板'这个字写好,可真不容易。谁有好方法介绍给大家?"

没有回应。

教师微笑着说:"那——老师给你们支一招,好吗?"

"好!"学生迫不及待,专心致志。

教师一边示范书写,一边细述要求:"'板'字右半部分的'反'有两个'撇',一笔是平撇,要让'撇'躺下来;一笔是竖撇,要让'撇'先站起来,再向左下撇出。这叫做'多撇变化,角度不同'。"

学生练字。

教师展示那位男生在指导前后分别书写的"板"字,请学生对比评价哪个字写得好,说说为什么。

学生评价。

教师提炼方法并评价:"一看结构,二看笔画。把关键笔画写好了,整个字就漂亮了。老师要称赞你们。你们就像文中的小獾一样,做事认真,态度积极。你们的字写得一个比一个好!"

【评点】 教师没有简单评判学生未经指导书写的字,而是根据学情指导学生练字后,重点把那位男生前后写的"板"字进行比较,引导学生评价的是从写不好到写得比较好的过程,让那位男生从自己的进步的地方获得信心和力量,然后带着自信和激情去练字。这样的激励性评价不仅有方法支持,更有教育关怀。这里的激励性评价变单一评价为综合评价,变结果评价为过程评价,变静态评价为动态评价。相信在这样绿色的教学评价中,学生一定会越学越好!

需要注意的是,激励性教学评价并不是一味笼统地叫好,而是目标明确、针对性强、生长力强的绿色的教学评价。

二 导向性教学评价

导向性教学评价突出调节和引导功能,重在把人的学习力量诱导出来。教学评价的内容与标准往往会成为学生学习的内容和标准,从而左右学生学习的方向、精力与时间的分配。因此,导向性评价内容,应紧扣课程目标、教学目标和教学内容,针对学情,引导学生学习阅读、理解、品悟、表达与运用语言文字。如,通过评价学生的理解和筛选信息、思考和判断、评价和感悟、诵读与积累等方面,引导学生发展自己的阅读能力;通过评价学生回答问题积极性、语言流畅性、表达条理性、注意程度及其参与状态等方面,引导学生适时调整学习状态等。具有语文特质的教学评价,教师会使学生增强有关朗读的标准意识、说话的达情意识、书写的规范意识、词汇、名言警句、常见典故、生活素材的积累意识、语言运用的通顺、得体意识,与常见文体相关的审美意识等。

教学评价的主要功能是改进或形成。"学生的错误是教学的财富",教师要以高度的敏感和评价技艺,努力将学生的注意力聚焦在与教学内容和教学要求相关的问题上,善于运用评价引导学生揭示自己思维中的漏洞,分析自身认识的局限、方法存在的问题,帮助他们在深化认识的过程中提高解决问题的能力。新课程背景下的学生往往是主流思想与非主流思想并存,似是而非的各种意识杂陈,这就更需要教师运用导向性教学评价培植学生进步的思想文化观念和健康个性、健全人格。

三 发展性教学评价

发展性教学评价的指导思想是"创造适合儿童的教育",其本质是研究学生、理解学生、发展学生,真正了解不同学段群体和不同个体学生语文能力发展的起点、速度、过程、最终达到的水平上的差异,采用阶梯式的评价方案,将教师的评价、学生的自我评价及学生之间的相互评价有机结合,发展学生对自己语文学习的客观、积极的评价能力,促进学生主动学习,自我反思。

发展性教学评价不仅关注结果,还重视学生努力的过程,如,"你找到了好几种解题思路,特别有探索精神。""这么长内容,你背诵得完全正确。刚才你说课前读了很多遍课文,你的自信来自你的努力!"课堂教学过程中借助教师的评价生成深层的智慧碰撞和思考,督促学生善于思考,专注学习,习得良好的学习方法,发展学生的探究和创新精神。在学生自评或互评时,教师可以提供优质的评价量表,以帮助学生在提高评价水平的同时客观反思自己的学习成果。

发展性教学评价尊重学生的个体差异,有利于每个学生的健康发展。实施发展性教学评价时,一要实行评价标准多元化,重能力、重过程、重个性,全面评价学生的语文学习态度、习惯、能力、品质;二要运用多样评价方式,结合课堂互动表现、训练状态,用"课堂日记""现场笔记""读写积累"等形式记录学生的课堂学习情况,纵向评价学生个体的个性化发展;三是延续拉长发展性评价的功效,即根据不同的个体特点,判断每一个学生的发展潜力,提出适合其发展的针对性建议,帮助学生获得优质发展,让学生拥有现代思维方式和高尚的学习品位,真正体现"一切为学生的全面发展和终身发展服务"的教育评价理念。

课堂是学生生命成长的关键载体。课堂教学评价应当得到学校和教师高度的关注和大力的改进,以绿色的教学评价为手段,积极探索优质的小学语文课堂教学,优化学生的课堂学习质量和生命状态。

苏教版六年级上册《最后的姿势》
第一课时教学实录

背景:上课时,六年级学生已学过此文,因此选了五年级学生。

授课班级:滁州市第二小学五(3)班。

一、创境揭题,研题入文

师:课前同学们预习了课文,谁能把主人公的名字写在黑板上?

(一名学生上台书写"谭千秋"。教师提醒:我们要养成"提笔即练字"的好习惯)

师:(生写"谭"时,观其书写,即时评价)很流畅!"谭"字第六、七两笔是竖。

师:(生写"秋"时,评价)笔顺完全正确,非常好!

【评点】 借助评价,引导学生重视养成良好的书写习惯。

(配乐《金枝欲孽》中的《咏叹调》)

师:今天,我们一起走入一个感人的故事。来,一起写课题。

(师板书,生书空)

师:(边写边提醒)写"最"字第五笔横要舒展,"后"的竖撇写好字端正;"姿"的最后一笔横要长一些。写"势"字要注意笔顺。

(生齐读课题)

师:我听出了你们在用心读题。根据课前的预习,围绕课题,你能提出什么问题呢?

生1:为什么要以"最后的姿势"为题目呢?

师:很有水平的问题,这要深入思考。来,请在黑板上写下这个问题。

(生上台书写自己提出的问题)

生2:最后的姿势是什么样子的?

师:这是紧扣课题的问题,一读书你就能找到答案,五年级的学生要训练思维的长度。等一会找到答案的时候告诉我,好吗?

(生点头说"好")

生3:"最后的姿势"有什么含义?

师:五年级学生的确要读懂文字背后的含义。

师:刚才同学们都是围绕课文"写什么的"来提问,能否换个角度去思考?

生4:是谁做"最后的姿势"的?

师:(惊讶)哎呀,这个问题太简单了吧。大家一起告诉他。

生:谭千秋。

师:五年级的学生要尽量提出高水平的问题,像这样一读书就能找到答案的,最好不要提。刚才都从"写什么的"角度来思考,能不能从课文"怎么写的"这个角度来思考呢?

(再次找生4)

生4:课文是怎么写"最后的姿势"的?

师:嗯,你现在提的这个问题不简单,很有探究价值!

【评点】 借助评价,激励学生敢于质疑,引导学生善于提出高水平的问题,发展学生的思维。

二、初读"姿势",以"时"理"脉"

师:我来看看同学们预习得怎么样。

(课件出示,学生开火车读)

读一读,想一想:				
尘埃	坍塌	废墟	吱吱声	生死攸关
震撼	趴在	深凹	死死地	血肉模糊
洗漱	短暂	诠释	幽默感	妙语连珠

(一名学生读"诠释"时,先读"quán shì",后又改读"quàn shì")

师：(相机正音)到底是"quán shì"，还是"quàn shì"？

生：(读)quán shì。

师：能够自我纠错，是很重要的学习能力。不要胆怯。

【评点】　教师关注每一位学生，倾听每一处声音。通过指导学生积极纠错，帮助学生克服学习怕错的心理，并认识到自我纠错是增强学习能力的重要途径。这里的教学评价是鼓励性评价与发展性评价的结合。

(生接着往下读词)

师：五(3)班的同学有独立识字能力，而且这个能力很强！"凹"这个生字，我们要注意它的笔顺规则是"从左到右"。

(课件演示"凹"字的笔顺，师生一起书空，说笔顺)

(生在课后第一题描红"凹"字，边写边记笔顺)

师：学习习惯非常好，书写姿势端正。现在我们分组读词语，边读边想：每行词语分别写了什么？

【评点】　再次借助评价，巩固学生良好的书写习惯。

(生分组朗读词语)

师：刚才我听到有一位同学读"坍塌"的时候，他想读"塌陷"。因为课文中有这个词，我们读的时候要字字入目，不能读错了。说说看，每行词语分别是写什么的？第一行写——

生1：地震时的样子。

师：对，地震时的场景。

生2：第二行写地震后人们发现谭老师的样子。

生3：第三行写谭老师还活着的时候的样子。

师：那是我们在回忆谭老师生前。学习词语时，我们可以前后联系起来，构成词串，这样有利于长时记忆。我们现在来看看词语理解的情况怎么样。(着重检查"震撼""诠释"的意思)"震撼"是什么意思？

生：受到意想不到的惊动，感觉十分震惊。

师：心里受到了撼动，对吧。还有谁说说看，课文中哪些语句是写救援人员震撼的？

生：(读)13日22点12分，当人们从废墟中搬走压在谭老师身上的最后一块水泥板时，在场的人都震撼了。

师:(顺势指导)你直接从文中找到了有"震撼"这个词的句子。这句话表现出这篇课文的一个表达特点,你有没有发现?

生:时间。

师:(追问)时间写得很具体,从整篇文章来看呢?

生:这篇课文是按时间的顺序写的。

师:请同学们速读全文,看看课文按时间的顺序可以分为几个部分。

(生速读全文,梳理课文)

师:按时间的顺序,你是怎么分段的?

生:我把第一自然段分为第一段,是写5月12日谭老师早早地来到学校上班。

师:(提醒)请继续说。

生:(接着说)我把第二到七自然段分为第二段,是写发生地震时谭老师保护四个学生;把第八到十自然段分为第三段,写地震后救援人员、获救学生和老师的感受;把第十一、十二自然段分为第四段,写人们对谭老师的怀念和赞颂。

师:太厉害了!思路那么清晰!

(课件出示,生自主比照并修正)

师:真正让救援人员震撼的是什么?

生:是谭千秋老师的姿势。

师:请读出来。

(生1读)

(课件出示)

> "我们发现他的时候,他双臂张开趴在课桌上,后脑被楼板砸得深凹下去,血肉模糊,身下死死地护着四个学生。四个学生都还活着!"第一个发现谭老师的救援人员<u>眼含热泪地说</u>。

师:读得非常有感情!你读得这么好,是怎么做到的?

生:课前预习的时候,多读几遍,体会课文的感情。

师:嗯!特别是读人物语言的时候,要注意提示语。你看,"眼含热泪地说"。

(再请生2读。生2读的水平明显提高)

师:你读出了语言文字的感情。再来看看"诠释"是什么意思。

生:"解释"或者"说明"的意思。

师:很好！来,把这段话读一读。

(课件出示)

> 谭千秋,一位普通的老师,他用自己51岁的宝贵生命诠释了爱与责任的师德灵魂。人们赞颂他:"英雄不死,精神千秋！"

(生读)

师:我从你的朗读中感受到了爱与责任(板书:爱与责任)。在写"诠释"这个词的时候,有谁要提醒我什么?

生1:这两个字都是左右结构。"诠"是"言"字旁,不要写成"木"字旁。

生2:写"诠"字要注意左窄右宽。

生3:写"释"字要注意左收右放,第七笔捺变成点,右边的撇出锋,捺伸脚,笔画健美字才好。

师:(范写时提醒)写左右结构的字,注意避让穿插。写"诠"的右上部分"人"字头时撇捺要写得舒展;"释"的第七笔捺变成点。

(生在课后第一题描红"诠""释")

师:书写习惯养成得非常好。

三、品悟"姿势",言意兼得

师:课文是怎么写谭千秋用生命诠释爱与责任的呢? 谁读读要求?

生:(读)请带着刚才提的问题,默读第二到七自然段,画出描写谭千秋语言与动作的语句,看看你从中体会到什么,并在文旁批注。

(生默读课文,师巡视指导)

师:谁读读你画的语句?

生1:(读)"人生的价值是什么？是大公无私,是为他人着想,为集体着想,为国家着想……"

(读后课件出示这句话)

师:人物语言要读妙,走入内心最重要。我们要明白谭老师为什么说这句话。体会后再读读。

（生带着体会读）

师：这是他内心的话。谭老师是这么说的，也是这么做的。谭老师有哪些动作？谁来读读？

生：（读）谭老师立即将他们拉到课桌底下，双手撑在课桌上，用自己的身体护住了四个学生。

师：你认为描写谭老师动作的词当中，哪个最有震撼力？

生齐：撑。

师：为什么？深入想过这个问题吗？

生：这样自己就可以救那四名学生。

师："撑"表示有一个力度。这时候他选择的是什么？

生：保护学生，牺牲自己。

师：对，他已经把自己忘了，心中只有学生。学识渊博的他知道，仅仅凭一张课桌是挡不住楼板重重砸下的破坏力的，只有他用自己的身体护着，双手再撑着，有两道力的缓冲，再加上课桌挡着，他的学生就一定安全了！我们再来看看这段话，谁来读读？

（课件出示补充资料）

> 补充资料：
> 从教26年，谭千秋老师教学成绩显著，被评为特级教师。他非常爱学生，在校园里看到一块小石头都要捡起来，生怕学生们在玩耍时受伤，被同事们誉为"最疼爱学生的人"。

（生读）

师：你们听出了什么？

生：我听出了谭老师对学生十分关爱，就如对自己的儿女一样，深怕他们摔伤。

师：那，他当时的选择是一时冲动吗？

生：不是！热爱学生、恪尽职守是他一生的追求！

师：所以，我们借助课外资料，可以更深入、更准确地理解课文。再来看看课文第二到七自然段。

(课件出示第二段内容)

师:你们看,红色字是你们刚才勾画的内容,是直接描写谭老师的。蓝色字的内容并不是直接写谭老师的,我们把它删掉,好不好?

生齐:不好。

师:为什么?

生1:如果把那些蓝色字的内容删掉,就体现不出当时情况的紧急。

师:(追问)那么,情况紧急对描写谭老师又有什么帮助呢?

生2:描写出谭老师遇到困难镇定冷静,突出了谭老师的形象。

师:(板书"环境、场景",并提醒)我们要记住一种写作方法:借用环境及场景描写来烘托人物的形象。这篇课文第二到七自然段花了大量的笔墨描写环境和场景,比直接写谭老师的内容还要多。来,通过朗读体会表达效果。我们师生合作朗读第二段,同学们读环境描写,老师读直接描写谭老师的内容。

(配乐)

生:(读)天空阴沉沉的。

师:(读)下午两点多,谭老师在教室上课。这堂课上,他给学生们讲"人生的价值"。"人生的价值是什么?是大公无私,是为他人着想,为集体着想,为国家着想……"

生:(读)忽然,课桌摇晃起来!整栋楼房都摇晃起来!地震!

师:(读)他意识到情况不妙,来不及多想,就大声喊道:"大家快跑,什么也不要拿!快……"

生:(读)同学们迅速冲出教室,往操场跑去。

楼房摇晃得越来越厉害了,并伴随着刺耳的吱吱声,外面阵阵尘埃腾空而起。

但是,那短暂的几秒钟,哪里容得了所有的学生都能跑出去?在教学楼即将坍塌的瞬间,还有四位同学冲不出去了!

师:(读)谭老师立即将他们拉到课桌底下,双手撑在课桌上,用自己的身体护住了四个学生。

生:(读)地动山摇。碎裂的砖块、水泥板重重地砸下来,楼房塌陷了……

师:心随文动,现在我们再次运用朗读来抒发感情。这,全部是场景描写。

(课件出示,没有配乐)

> 天空阴沉沉的。
> 忽然,课桌摇晃起来!
> 整栋楼房都摇晃起来!
> 地震!
>
> 楼房摇晃得越来越厉害了,
> 并伴随着刺耳的吱吱声,
> 外面阵阵尘埃腾空而起。
>
> 地动山摇。
> 碎裂的砖块、水泥板重重地砸下来,
> 楼房塌陷了……

(指名领读前两节,其余生齐读第三节)

(读前提醒:要注意第一节中的三个感叹号)

(生朗读时没有入情入境)

师:(及时指导)你想通过朗读,让我们听出什么?

生:情况危急。

师:对!你可以通过语速的快慢和语气的强弱来表现。

(生再读,渐入佳境)

师:触目惊心的场景,肝肠寸断的疼痛,穿透了天府之殇。为了学生,顷刻间,谭老师走了。可我分明看见那肃穆的教室里,有他留恋的身影。记着,记着,来世我们还要做教师。

(课件出示)

> 心香一瓣寄真情
> 　　现在,假设你就是谭老师的一名学生,你想对他说些什么呢?请写下来。

（轻音乐。生写感受。师巡视指导,提醒生的写字姿势）

师:谁来读读自己写的内容?

生1:谢谢您,敬爱的谭老师!是您教我知识,是您送我温暖,是您滋养我思想。我永远感谢您啊,敬爱的谭老师!

师:声声呼唤,句句感恩。

生2:亲爱的谭老师,我们想您啊——

怎能忘记您平日谆谆教诲,

怎能忘记您往日悉心照顾,

怎能忘记您上的最后一课,

怎能忘记您留下的最后姿势。

我们想您啊,亲爱的谭老师!

师:语言如诗,我心思念。

生3:敬爱的谭老师,您的音容笑貌,您的智慧幽默,您的博学多才,您的精神与品格,已深深烙在我心中。我永远忘不了您,敬爱的谭老师。以后,我要像您一样,处处为他人着想。

师:句句真情,思想表白。学习语文就应该这样,乐于用语言文字把心中的感受表达出来。

【评点】 教师评价语言简短而有针对性,自然应和着学生的情感,关注着学生表达的内容与形式,重视发展学生的语文能力。

四、总结升华,言行一致

师:同学们来看看,这节课的问题都解决了吗?为什么要以"最后的姿势"为题呢?

生1:以"最后的姿势"为题,体现出谭老师对学生的喜爱以及(他的)伟大。

师:更突出了谭老师热爱学生、恪尽职守的品格。这是他最后的选择,更突出了他的这种精神。

师:课文是怎么写"最后的姿势"的?(看着提出这个问题的学生)这个问题就是你问的吧?现在由你来回答。

（生自主解疑）

生:课文是用谭老师的语言和动作来写"最后的姿势"的。

师:(相机板书"言、行",并提炼)从这里可以看出谭老师是一位言行一致的好老师。

师:(点拨)你只回答了一个方面。再想想,还怎么写"最后的姿势"的?

生:还通过环境和场景描写(来塑造"最后的姿势")。

师:是的。

【评点】 教师借用评价,启发学生从多角度考虑问题更全面。

(播放歌曲《凝聚每份爱》,出示课题、谭千秋的照片与赞颂对联)

师:(结课)谭老师走得突然而匆忙,留下他最美丽、最后的姿势!回去以后,冯老师(原任老师)还会带着你们一起去学习后面的内容,学习另一种侧面描写的方法。今天要完成以下作业。1.有感情地朗读课文,思考作者为什么写这篇文章。2.完善练笔,把写给谭老师的话写具体,尽量多运用新学的词语。这节课,我们就上到这儿。下课!

【板书设计】

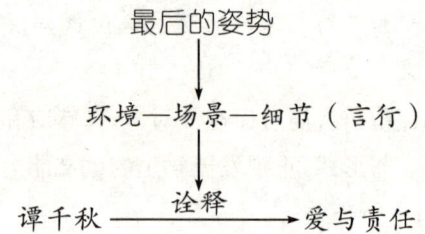

(本课例荣获教育部基础教育课程教材发展研究中心组织的全国第四届苏教版实验教科书小学语文课堂教学大赛一等奖,胡晓燕执教,2013年)

 **第十二章　螺旋的教学反思**

教学反思是教师对教学活动过程中教学什么和如何教学等问题的理性思考,是对教师(可以是自己,也可以是他人)所做出的行动、决策以及由此产生的结果进行审视和分析的过程,主要包括三种形式:自我反思,帮助他人反思,从他人对自己行为、观点、认识的评价和批判性或建设性意见中汲取认识自我和重建实践的重要资源。螺旋的教学反思强调从策划和践行到反思和重建的循环往复并螺旋向上的发展状态,即在行动与反思的多回合实践中生长发展力。

一　反思课程开发

《语文课程标准》指出:语文课程是学生学习运用祖国语言文字的课程,学习资源和实践机会无处不在,无时不有。应该拓宽语文学习和运用的领域,使学生在不同内容和方法的相互交叉、渗透和整合中开阔视野,提高学习效率,初步养成现代社会所需要的语文素养。

语文课程应该是开放而富有创新活力的。在教学反思中必须看到,教材仍然是最核心的课程资源。教师要努力理解和领会教材设计的理念及教学思想,把握其特点,挖掘文本意蕴,走进文本内核,与作者对话,与文本对话,与自己对话,使教材所潜藏的资源得到较好的利用。教师要思考教材中的哪些内容必须呈现给学生,哪些需要补充,哪些可以改编或省略。如,是否可以增加一些与所学文本类似的文章,或同一作者的不同文章,让学生阅读,达到巩固和补充学生语文知识,提高学生语文能力的目的;是否可以引入与文本相关的背景资料,以便学生更全面地理解,更深入地与文本对话,体会文章所表达的情感;是否可以将整本教材内同一类的文本有效归整,通过比较阅读让学生更深层次、更广范围地理解文本;是否可以借助对理解文本起着一定辅助作用的插图进行说写练习,训练学生的思维能力、观察能力和表达能力,拓展学生的知识空间。师生对文本的深层解读和多元构建,决定着课堂教学所能抵达的深度与广度。

课堂只是学生学习的小天地,课外才是大课堂。反思课程开发时,教师还要思考:我是否有意识地引导学生到课外观察、调查、获取信息、学习语文;我是否根据学生心理特点和兴趣爱好,利用阅读课进行读书方法指导、读书笔记辅导、课外读物推荐、阅读欣赏、读书心得交流汇报等,引导学生课外广泛阅读。教师是主动性、能动性最强的课程资源。教师在反思课程开发时,还需要反观自己是否充分发挥了特长,思考如何更好地开发自己、丰富自己、完善自己,使自己成为优质课程资源的一部分,等等。

二 反思学情研究

语文教学实质是一种沟通,一种合作。教师必须先了解学生需要什么,有哪些求知欲望,再根据文本和学生的特点预设教学,这样才能促进学生优质学习。我们应当牢记奥斯贝尔说的这句话:如果把全部教育学、心理学归结为一句话的话,那就是我们的儿童已经知道了什么。因此,基于学情研究,判断学习起点、学习基准点和学习切入点,对于"以学定教、因学施教"的课堂教学十分重要。教师在反思学情研究时要考虑:我是否找准了学生的最近发展区;课堂学习内容是否与学生已有的生活经验相联系;我是否在学生感兴趣又能发挥创造性的地方唤醒他们展开想象;我是否调动了学生已有知识储备开展观察、猜想、概括、评价、交流等活动;通过语文活动,学生是否掌握了基本的语文知识和方法,有没有初步学会用语文的眼光去观察事物、思考问题;我是否激发了学生对语文学习的兴趣和学好语文的愿望,等等。

我在指导周丽娟老师参赛时,她做出了如下学情研究反思:

在第一次试教《在大海中永生》的课堂上,我用饱含深情的语言演绎着教案,学生却始终游离于文本之外,融入不到教师创设的情境中,结果草草收场。怎么会这样呢?指导老师胡晓燕一语中的:"教是为学服务的,想一想你对学情研究了多少。课堂上如果没有学生自主的空间,就很难成为真正的好课。"重新审视自己的课堂,尽管设计中有许多"亮点"——环环相扣的教学环节,着力无痕的巧妙过渡,充满诗情的教学语言……然而,学生到底收获了多少?我顿悟:我把学生丢在了备课的路上!

面对情感如此浓烈,距离学生实际生活却较远的课文,学生的兴趣点是什么?该学什么?该怎么学?……这一系列问题萦绕在我的脑海中。这一次,我"带着"学生"一起"重新捧起了课文。

站在五年级学生的阅读水平上思考,将课文读上三五遍后,我能读懂什么?体会到什么?还有哪些困惑和疑问?基于这样的思考,我利用课余时间把学生初读课文后存留的问题做了分析,以便进行适当的学案预设。经过整理,发现有六个问题具有普遍性与探究价值:

1. 邓小平爷爷为什么称自己是"中国人民的儿子"?
2. 为什么说邓小平爷爷的影响超越国界,超越时代?
3. 为什么说邓小平爷爷不仅属于中国,也属于全世界?
4. 浪花为什么要将邓小平爷爷的骨灰送往澳门、香港、宝岛台湾、太平洋、大西洋呢?
5. 为什么说邓小平爷爷在大海中永生?
6. 邓小平爷爷为什么会选择大海作为自己的最终归属呢?

读思这些问题,我被震撼了,为学生质疑问难的态度与深度。说实话,有些问题是我在备课时没有想到的,比如"邓小平爷爷为什么会选择大海作为自己的最终归属?"我试着整理学生的问题,并梳理出教路。经整合,前五个问题归集为"为什么说邓小平爷爷在大海中永生?"这个核心问题,解决了这个问题,其余问题就迎刃而解了。第六个问题是学生在理解了文中"最后一个篇章"含义基础上的深度思考,同时也是一个很好的延伸点,为课外拓展阅读做了适宜的链接。于是,从学生最感兴趣的核心问题切入,顺学而导,再让学生带着问题走出课堂的教学预案就这样应运而生了。

反思学情研究,使我站在了学生的角度解读文本、设计教学、预设课堂,让我清晰地认识到:学生是学习的主体,学生是课堂的主人,教学最终目标是促进学生更好地发展,这既是一节语文课的起点,也是归宿。

对学情研究进行深度反思后,周丽娟老师的课堂教学获得了质的提升。2008年11月,她所执教的《在大海中永生》在全国苏教版小学语文课堂教学大赛中荣获(现场课)特等奖。

三 反思教学策略

教无定法,贵在得法。在语文教学中,教师根据教学目标要求、学习材料和学生的特点,引导学生运用最切合语文学习实际的形式,以取得最佳的学习效果,这便是理想的教学策略。反思教学策略时,教师要从提高课堂教学质量的角度思考教学情境调控、教学方法选择、教学内容编排、教学形式组织、教学反馈与评价等。如,文本是怎样通过语言文字把思想感情流露出来的?选择哪种方法更有利于指导学生感悟、体味隐藏在字里行间的感情?怎样教学更利于学生掌握所需要的学习经验?反思教学策略可以帮助教师更加全面而客观地认识和评价自己在促进学生学习和发展方面的作用,有利于教师改进课堂教学实践。

例如,教学人教版四年级上册《颐和园》时,初读环节安排了"作者是按怎样的顺序游览的"这一问题,学生并不十分费力地找出了"长廊""万寿山脚下""登上万寿山""昆明湖"等。之后,展开了两次不同的教学处理。

第一次教学处理如下:

教师继续提问:再读读课文,哪个地方给你印象最深?

学生提到一处,教师停下来讲评一处。学生零零碎碎提了很多问题。

学生说完了,问完了,下课铃也响了。

【反思】 教学中,看似教师放手了,实际上教学重点、难点是模糊不清的。学生的学习看似很自主,其阅读水平却是在原地打转。可以说,在培养学生阅读能力方面,教师几乎是无为的。琐碎的提问给学生带去的是零乱的思维,浅白的提问给学生带去的是肤浅的思维。教学策略亟须得到优化。

针对教学策略进行反思后,第二次教学做出如下处理:

1. 顺着作者的游览顺序,选择你最感兴趣的一个观察点,用"＿＿＿"画出作者看到了什么,并思考这一处有什么特点,作者是怎么描写的。请抓住描写景物的句子体会。

2. 多元交流,总结学法。(相机选择一个观察点作为范例进行学法指导,提炼学法)

3. 自主研读其他段落,运用学法——一抓特点,二悟表达方法。

4. 文中哪些语句提示了作者的游览顺序?找出来读读,体会作用。

5. 学习文中写法,描写校园一角的片段。

【评点】 第二次教学清楚地知道学什么、怎么学,教什么、如何教,学生的语文实践活动是什么,训练到何种程度,而且各训练点是相互联系、逐步深入的。在引导学生实践的过程中,优化问题情境的教学策略起到了关键作用。提问前,教师先动脑后开口,避免随意发问和凭经验提问。一节课的问题不宜多,只在关键处提问,如,提示文章主线的,激起学生质疑的,诱发学生深思的,等等。能辅助学生深入学习的问题才是好问题。发问点在何处呢?在学生思维受阻处、疑惑不解处、语言秘妙处……

教学被称为遗憾的艺术——没有"最好",只有"更好"。不足或缺失,正是教师能够获得更好发展的空间。反思,能把"不足"提升到理性高度作归因分析,探寻合理有效的改进思路。教学策略本身具有可优化、灵活性强等特征,所以反思教学策略是站在更高更全的层面观察课堂,帮助教师提升课堂研究、教学实施的能力,从而提高课堂教学的质量。

四 反思教师自己

教师成长需要以原动力(内驱力)为基础,在行动中寻找经验,在不断的反思中丰富实践智慧,从而得到不断的完善和发展。这要求我们要把自身当作自己认识的对象和自学实践的对象,不断地思考自己的教学,以批判的态度面对自我和课堂。

2012年暑期,我在滁州中学教师业务培训会上聆听了华东师范大学博士生导师张俊华教授阐述的"课堂14问"。"14问"贯穿了优质课的四个必要条件——目标、方式、内容和结果,是教师课后自我诊断、汲取经验、发现不足、反思改进的有效工具。以下是"14问"的具体内容:

　　1.你微笑了吗?（态度、情绪、精神）

　　2.你的语言优美吗?（简练、直接、学术）

　　3.你的教学方法灵活吗?你是否用多样的方法来传递知识?你是否传递了学习策略?（多元、有效、实利）

　　4.你读懂学生的眼神了吗?（面向全体、关注个体）

　　5.你是课堂的导演吗?你是课堂的协调者吗?（引领、垂范、媒介）

　　6.学生是你课堂的主角吗?（自主、自律、自强）

　　7.你讲解的时间在15分钟内吗?体现少教多学了吗?（少教多思、先学后教）

　　8.学生主动训练、思考的时间超过25分钟吗?体现先学后教了吗?（分析、批判、想象、独立）

　　9.课堂互动超过15分钟吗?（交锋、互动、和谐、共识）

　　10.你运用小组学习的方法来教学吗?教学中体现了学生的合作学习了吗?（合作、竞争、探究、互助）

　　11.你用作业（口头、书面）的形式来检测学习的效度吗?（巩固、强化、效能）

　　12.你挖掘了知识背后蕴藏的价值观和精神吗?（人格优先、兼顾智力）

　　13.你传递的知识是否已应用实践并解决问题?是否就知识本身进行拓展探究?是否创造思想和知识?（学以致用、创造思想）

　　14.你的课堂氛围活跃吗?和谐吗?或严肃吗?（学术、愉悦、幸福）

　　"课堂14问"把教师习以为常的课堂教学提升到了文化的境界和学术的高度,超越了纯教学技术层面,从"真、善、美"的角度,引领教师去实现从教书匠到研究者、学者乃至思想引领者的角色迈进,使课堂成为文化的、人格的、生命成长的场所。张俊华教授的"14问"警醒我们:学习是人生永恒不变的主题;反思自己是教师获得专业提升的不二法宝,能引发我们对人生的价值追求和精神规划的深层思索。

教师反思自己的意义不仅仅在于发掘自己教学成功之处,或者发现自己教育教学实践的问题和积极寻找解决问题的办法,更重要的是使教师明确自己的教育信念是什么。只有深化和扩展教师的反思,才能使反思发挥其促进教学和促进教师专业成长的作用。教师反思的内容不仅包括"我做了什么或我是怎样做的",还包括"我是怎样想的","我为什么这样或那样做"以及"哪些因素影响着我的做法和想法",等等。教师在反思时还要对自己的回想做必要的追问,如,"我为什么在反思时会关注这个教学片段",等等。

反思的过程是教师学习的过程。在试图将自身经验与相关的教育学和心理学理论知识相互对照的过程中,教师不但可以找到解决问题的多种途径,而且可以形成自己对教育教学工作的实践理论。此外,教师之间或教师与教研员之间围绕教师反思展开对话,对促进教师反思能力发展有重要的推动作用。一方面,教师在表达过程中可以更清晰地梳理自己的想法;另一方面,他人的反馈,特别是质疑,为教师的自我追问提出了要求,也指出了方向。这也说明教学反思不仅仅是教师个体的内隐的思维活动,也是个体与群体的外显的实践行为,表现为教师之间、教师与教研员之间的评议互动,集体讨论,共同研究,等等。

螺旋的教学反思是基于课堂实践、师生成长和教学结果的多层向上的整体性思考。螺旋的教学反思意识与能力对于教师个体和教师队伍建设发展具有十分重要的价值与意义,需要学校和教育部门长久、深度关注,更需要教师一辈子自养自怡,实现自我更新、持续发展。

人教版五年级上册《落花生》
教学反思

工作第一年,我的第一节自荐课便是《落花生》,课后自我感觉良好。参加学校教研活动,听了前辈的研讨评议之后,我认识到自己引导学生品悟"人要做有用的人,不要做只讲体面,而对别人没有好处的人"这一中心句,做得不够到位,致使很多学生陷入"非此即彼"的思维怪圈,认为父亲反对外表体面的人。其实,课文并没有否认外表美的价值,只是更重实用。作为教师,钻研教材要深,运用教法要活,应该紧抓重点、突破难点,指导学生学好语文。如果学生机械曲解父亲的话,就会不自觉地去寻找"一元意义"的思维方式,这对学生的认知发展非常不利。在下一节的语文课上,我对此及时修正,完善教学。

再次教学《落花生》,我引导学生抓住文中的关联词语——"不是外表好看,而没有实用的东西""它虽然不好看,可是很有用""不要做只讲体面,而对别人没有好处的人"来正确理解语言文字,读懂许地山的父亲希望自己的儿女们做一个落花生式的朴实无华、默默无闻、对别人有用的人,并没有批驳桃子、石榴、苹果的意思。之后,我引导学生随文学习相关写法,使学生准确理解到了课文内涵,但是整堂课学生的自主性不足,教师牵引较重。

第三次教学《落花生》,在学生"自主学习,整体把握"的基础上,我有的放矢,指导学生用"自读探究,分清主次"的阅读方法:一看详略,二看内容,并由此提炼出简单而高效的学习方法:重点段重点学,非重点段简单学或略学。学生自主质疑,合作梳理出核心问题,选择"父亲谈落花生可贵之处的那段话"、"父子谈做人的那组对话"两处重点内容走入文本,运用"静思默想,圈画批注"等方法精读。整节课突出了学生在自主实践中"品文""悟理",学语习文,从多元互动到综合运用,环环相扣、循序渐进,使教学效果得到优化。

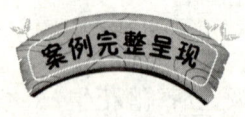

人教版五年级上册《落花生》教学设计

一、教材简析

《落花生》是人教版五年级上册第四单元第三篇课文,其文质兼美、内涵深厚、历久弥新,是篇优秀的现代叙事散文。作者以质朴洗练、清新自然的笔墨,讲述一家人过花生收获节的经过,通过谈论花生的好处,借物喻人,揭示了学习花生不图虚名、默默奉献的品格的主旨,说明人要做有用的人,不要做只讲体面而对别人没有好处的人,表达了作者不为名利、只求有益于社会的人生理想和价值观。

本文表达颇具匠心,材料安排特色鲜明,寄寓崇高的情思和深邃的哲理于字里行间,因此,篇幅虽短,却给人以清晰深刻的印象,让人从平凡的事物中悟出了耐人寻味的道理。此外,文中的插图再现了一家人过花生收获节的情景,能丰富学生的阅读感受,是训练学生语言表达能力的宝贵资源。

二、学生分析

五年级上学期是第三学段的起始学期,教师要引导学生完成好学段的衔接过渡,关注第三学段的语言训练目标,了解人教版小学语文五年级上册第四单元专题是"生活的启示",单元训练重点是:把握课文主要内容;抓住关键词句,理解重点句子含义及表达效果;走进文本、品味语言、领悟写法,联系生活、温润思想、获得启迪。

三、教学目标

1. 自主学会生字新词,注意词语积累。能抓住关键词句,理解课文中重点句子的深刻含义及表达效果。

2. 能分角色朗读课文,背诵课文的重点句。

3. 在整体把握课文的基础上分清文章的主次,联系生活品读重点段,由表及里地了解落花生的可贵之处,从中体悟做人的道理。

4. 读中品悟落花生内在秀美、不求虚名、默默奉献的精神。初步领悟"借物喻人"的写作方法,并能学以致用,尝试练笔。

四、教学重点

1. 由表及里地了解落花生的可贵之处,理解父亲赞美花生的话的深刻含义,从中体会出做人的道理。

2. 分角色朗读课文,能分清文章的主次,并初步体会详略得当的好处。

五、教学难点

使学生初步学会抓住关键词句,理解重点句子的含义及表达效果。

六、课时安排

2课时。

七、教学准备

多媒体课件、学习单等。

八、教学过程

第一课时

(一)谈话导入,依题启思

1.师生谈话,了解预习。

师:同学们,你们爱吃花生吗?为什么?(适时板书:花生)

师:谁来说说,通过预习,你知道了什么?(师据生回答,相机板书)

2.阅读资料袋,进行搜集、处理信息能力训练,并根据课题质疑。

预设:平常我们都叫它花生,但课题为什么要加个"落"字(师相机把课题补充完整)?为什么以"落花生"为题呢?……

(二)整体感知,梳理文序

1.带着问题自由读课文。

要求:读准字音,读通句子,思考课文主要写了什么内容。

(1)学习生字新词,扫除阅读障碍。

(2)师生对话,交流初读感受,粗知课文大意。

2.学习"单元提示",明确学习任务。

3.默读课文,理清文章脉络,适时渗透学习方法。

课文按事情发展的顺序记叙,可以分为三段理解。第一段(第一自然段),写种花生、收花生;第二段(第二自然段),写为过收获节做准备;第三段(第三自然段到最后),写父亲和我们边吃花生边议花生,父亲对于花生品格的赞扬,使我们对普普通通的花生产生了敬佩之心。(如果有学生把第二、三两段合并成一段理解,也予以肯定)

(板书:种花生 收花生 尝花生 议花生 相机指导书写"尝")

(三)阅读探究,分清主次

1.再读全文,边读边想:哪部分是主要内容,哪部分是次要内容?你是运用什么方法分清的?(在交流中获得方法)

(1)方法一:看详略,分主次。

引导学生先分清详略,再思考主次,最后揭示方法:看详略,分主次。

(板书:看详略,分主次)

①默读前两段,边读边画出重点词语,用心体会。

a.咀嚼"居然",并运用"居然"进行说话训练。

b.看图,理解"茅亭"。

②巧用插图,一箭三雕。

师:周作人说过,落花生"不但可吃,也更可思索"。今晚母亲做了好几样食品,好让大家边吃边谈。你能从中读出母亲的良苦用心吗?

借助插图,读出文字留白处的深情,拓展想象思维的空间,即进行语言训练、思维训练和情感熏陶。

③指导朗读前两段。

(2)方法二:看内容,分主次。

①六人小组分角色读第三段,思考:为什么"那晚上天色不大好,可是父亲也来了,实在很难得"?

②小组讨论:"我们谈"和"父亲谈"这两方面内容谁是重点呢?为什么?(相机板书:我们谈 父亲谈)

质疑:这时候还可以用"看详略,分主次"的方法吗?

讨论交流,取得共识:我们要动用自己的智慧,运用其他方法——看谁说话的内容是重要的。谁说的话重要,其内容就是文章的主要内容,这就是"看内容,分主次"。(板书:看内容)

2.存疑延伸,引向深处。

(1)分角色朗读对话部分。(叙述部分通过朗读时的动作、表情来表现,让文字富有灵性)

引导学生提炼阅读方法:重点段重点学,非重点段简单学或略学。

(2)存疑:学到这里,同学们心里又产生出什么问题了吗?

预设:后来,作者就以"落华生"作为自己的笔名,使这篇文章更添生活的味道与思想的芬芳,所以下节课我们还要深入探究这篇课文。让我们带着思考的力量走出教室吧。

(四)布置作业,适度链接

1.抄写新学词语,用"居然"写一句话。

2.练习分角色朗读课文。

3.背诵并正确抄写重点语段,做成漂亮的书签。

【板书设计】

```
          ┌ 种花生   收花生
落花生 ─┤
          └ 尝花生   议花生★ ┌ 我们谈
                              └ 父亲谈★
```

分主次──→看详略　看内容

第二课时

(一)整体把握,温故知新

1.板书课题,直入新课。

2.回忆所学内容,想一想上节课学到了什么。(师据生的汇报,及时了解学情,做到"以学定教")

3.从词语入手,串起语言精彩。

听写词语后出示四行词语,让学生对照自批;再请学生读词语,并说说从每行词语里读出些什么;最后请学生把每行词语连起来说一句话。

半亩	空地	居然	收获
吩咐	过节	茅亭	品尝
石榴	苹果	鲜红	嫩绿
味美	榨油	便宜	有用

【设计意图】　从整体入手,以文本为背景,以词语为基点,形成板块,激发学生联想和想象,潜心涵咏体悟词语丰富的内涵,赋予词语深刻的鲜活生命力,串起语文学习的精彩,提高语文学习的效率。

(二)研读重点,体悟内涵

1.自主研读,激活思维。

(1)学生质疑问难。

教师运用对比将学生的思维引向深处,以提高学生质疑能力,让学生明白:真正会学习的孩子是善于思考的。

预设学生质疑：

①落花生和桃子、石榴、苹果有哪些不同呢？

②为什么父亲要将落花生与桃子、石榴、苹果相比较？是不是在批评桃子、苹果这类植物？为什么？

③作者为什么不直接把笔名取为"落花生"而叫"落华生"？

……

(师生合作梳理出核心问题)

(2)默读静思，圈画批注。

请学生带着问题默读第三段，用"＿＿"画出重点词句，细细品味，把自己的理解写在文旁空白处。

(师巡视，二次备课，着重了解生是否找到写落花生好处和最可贵之处)

2.凭借文本，多元对话。

(1)学生汇报读书收获，教师点拨引导，适时解决相关问题。(相机板书：议花生　榨油　味美　便宜　有用)

(2)充分对话，研读重点。

课件出示第十自然段。

①自读自思，同桌讨论：父亲在哪一方面赞美了落花生？

(藏而不露，或不炫耀自己的好处)

②在朗读指导过程中品悟"对比"的写作效果。

(引导学生正确理解父亲说那段话的目的，不能曲解课文的本意，适当渗透辩证唯物主义思想)

③在尝试运用过程中悟出"对比"的写作效果。

我们今后要有意识地将"对比"的写法运用到作文中去，增强语言的表达效果。

3.联系生活，体悟主旨。

(1)这时，"我"在父亲的启发教育下说……

课件出示：

> 父亲接下去说:"所以你们要像花生,它虽然不好看,可是很有用。"
>
> 我说:"那么,人要做有用的人,不要做只讲体面,而对别人没有好处的人。"

同桌互读互听,交流讨论:从这两句话中体会到了什么?

(抓关键词语,深入体会。理解句中"只"的意思,引领学生走进语言文字精微之处)

(2)看图联想,巧妙补白。

母亲也点点头,这微不足道的一个动作,蕴涵着什么呢?

4.联系生活中的所见所闻所感,小组讨论:作者借助落花生比喻怎样的人?在生活中,哪些人也像落花生那样不图虚名、默默地做着奉献?

(生活中的农民工、清洁工等不图虚名,为建设和谐社会、文明城市默默地做着奉献。教师在关键之处进行正确的价值观导向,需要否定的只是那种外表好看,只讲体面,但实际没有什么用的东西或人)

5.指导朗读。

6.师:(小结)俗话说,半瓶墨水摇起来最响,满瓶墨水不会吱声。饱满的稻穗总是低着头,空瘪的稻穗高扬着脑袋。花生花开花落入土而生果。我们学习落花生,不仅不要看不起外表不美而实际有用的人,而且自己也要甘愿像落花生那样,做普普通通的人,干实实在在的事,为别人带去更多的好处。

【设计意图】 语文学习不仅要学习语言,还要学习语言背后的思维方式,是让学生在听说读写训练中互动共生言语智慧。在进行主旨研读时,让学生在读中品味、读中感悟,水到渠成地揭示父亲谈话的丰富内涵,准确把握文本价值取向,使其成为富有活力的生命元素,并适时进行辩证唯物主义思想的启蒙教育,使文本在学生心里生成鲜活的生命力。

(三)回归整体,读写结合

1.浏览全文,探究特色。

浏览全文,思考:课文在材料安排上有哪些特色?

讨论:作者为什么这样安排?这样安排材料有什么好处?

(让学生对本文"主次分明""详略得当"的写作特点有具体的感受,懂得文章的主次与详略是从中心思想的表达需要出发,进行适度裁减的。体会恰当安排详略可以使文章重点突出,主次分明)

2.品悟效果,读写迁移。

(1)作者写这篇文章,不是在向我们介绍落花生这种植物,而是——

预设学生的交流:通过谈论花生的好处,借物喻人,揭示了学习花生不图虚名、默默奉献的品格的主旨。

师:你从身边的事物中领悟到了什么?试着选择一种说一说。(相机板书:借物喻人)

(2)配轻音乐,学生练笔,教师巡视,二次备课。

(3)学生展示,师生共同评价。

3.总结学习,丰润精神。

(1)学生根据板书总结学习的收获。

(2)回归课题,释疑增能,丰润精神。

作者没有直接把笔名取为"落花生"而是"落华生",一是因为古文中"华"同"花",二是许地山出生于一个爱国志士家庭,用"华"体现许地山先生"爱我中华"之心,同时印证了一个人从小受到严格的、积极的教育的重要。

父亲的话深深地印在了作者的心上,也印在了我们的心上……今后老师要和你们一样好好学习,提升自我,使自己拥有真才实学和高尚情思,做一个对别人、对社会、对国家有用的,具有落花生品质,飘溢人格香味儿的人!

【设计意图】 语文学习的最终目的是要实践运用,即"知其意而得其用",所以在学习"借物喻人"的写法时,学生及时学以致用,进行练笔,将个性化的解读、感悟与情感积淀下来,流淌笔尖凝结成自己的思想。课始至终,教师注重引领学生整体把握文本神韵,内化文本价值取向,积蓄语言源流,丰润精神绿洲,提高语文学习的有效性。

(四)布置作业,适度延伸

1.基础性作业。

(1)修改完善练笔。

(2)结合学习单,预习《珍珠鸟》。

2.选择性作业。

(1)推荐《空山灵雨》一书,选择喜欢的篇目好好读一读。

(2)有不少知名作家写过《落花生》,如周作人、老舍,课后请比照着阅读。

【设计意图】 课堂学习是一条路。语文教师要引领学生从这条路走向世界。课尾布置作业的策略是基础性与选择性相结合,课内与课外相结合,让学生的语文学习生活丰富多彩。

【板书设计】

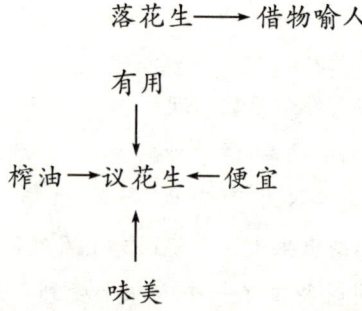

【教学反思】 本课例经过"构思—教学—反思—修改"的多回合螺旋式教学反思后,不仅较好地完成了教学任务,还让学生在学习语言文字运用的过程中突破思维定式,受到辩证唯物主义思想熏陶,促进学生多元视角、多维思考,为教学进一步实践创新打开了思路。

《落花生》作为"借物喻人"写法的典范,课文内涵极其丰富,语言朴实,寓理深刻,与文体特点相得益彰,是学生学习语文的上等"例子"。本课例基于自主探究阅读,领会文字内涵要义,适时引导学生体悟文体特点,并创设情境,迁移运用,体验语言文字的运用秘妙,实现了工具性与人文性的统一。

同一篇课文,不同时期学,不同的学生来学,不同的教师来教,所研究的内容和方式会不同。相信以后再教《落花生》,我会有新的突破。

在"策划—实践—反思—重建"的螺旋状态的专业成长路上不停行

走,相信每一位教师都能走进小学语文优质课。

(本课例荣获教育部基础教育课程教材发展研究中心组织的全国首届优秀课例评选一等奖,胡晓燕执教)

参考文献

[1] 程斯辉.教育之道[M].合肥:安徽教育出版社,2007.

[2] 付宜红.小学语文[M].上海:华东师范大学出版社,2008.

[3] 高万同.相似与互构[M].徐州:中国矿业大学出版社,2011.

[4] 金和德,姜永志.小学语文教学概论[M].长春:东北师范大学出版社,1999.

[5] 蒋成瑀.语文课读解学[M].杭州:浙江大学出版社,2000.

[6] 林若男,李锦英.小学语文教育研究[M].合肥:中国科学技术大学出版社,1996.

[7] 吕洪波.教师反思的方法[M].北京:教育科学出版社,2006.

[8] 李行健.现代汉语规范词典(第2版)[M].北京:外语教学与研究出版社,语文出版社,2010.

[9] 全国小学语文教学研究会秘书处.小学语文教学整体改革研究[C].北京:人民教育出版社,1991.

[10] 全国小学语文教学研究会秘书处.小学语文教学改革的理论与实践[C].北京:人民教育出版社,1997.

[11] 温儒敏,巢宗祺.义务教育语文课程标准(2011年版)解读[M].北京:高等教育出版社,2012.

[12] 夏瑞庆,王守恒.教育学[M].合肥:安徽大学出版社,2003.

[13] 阎立钦,倪文锦.语文教育学引论[M].北京:高等教育出版社,1996.

[14] 叶澜,等.教师角色与教师发展新探[M].北京:教育科学出版社,2001.

[15] 杨九俊.小学语文课堂诊断[M].北京:教育科学出版社,2005.

[16] 叶澜,杨小微.教育学原理[M].北京:人民教育出版社,2007.

[17] 张行涛,郭东岐.新世纪教师素养[M].北京:首都师范大学出版社,2003.

［18］周健,熊生贵.有效上课[M].北京:光明日报出版社,2009.

［19］中国教育学会小学语文教学研究会.中国小学语文教学改革30年[M].北京:人民教育出版社,2010.

［20］中华人民共和国教育部.义务教育语文课程标准(2011年版)[M].北京:北京师范大学出版社,2012.

后 记

　　小学语文优质课拥有浪漫的情怀、睿智的言行、快乐的体验。学生在美丽的语文天地迸发原有的灵性、唤醒潜具的悟性，发展天然的诗性。怎样引领教师走进小学语文优质课呢？这是教师、教育管理者及学校和教育主管部门深化课程改革的首要问题。撰写本书便是一种回应。

　　本书首先来源于实践。笔者从事小学语文教学12年，经常承担各级各类观摩课、专题讲学的任务，同时获得不少荣誉和光环。继而10年的小学语文教研工作，让我有机会担任教师专业培训工作，在培养青年教师专业成长（研课、赛课）的过程中积累了不少优秀案例。特别是安徽省教育厅多次选派本人参加安徽省特级教师讲师团赴省内外巡回讲学活动，让我拥有了大量的第一手材料。

　　本书广泛吸纳先进的课堂教学经验，运用教育学、课程论、语文课读解学、教育哲学等现代教育理论，重视理论与实践相结合、说理与叙事相结合，构建以教育科学理论为基础、以典型优质课例为素材、以课堂系统结构为序列的体系。本书旨在帮助教师探索语文课堂教学规律，积极建设课内外联系、校内外沟通、学科间融合的语文课程，努力打造自己的优质课。希望本书对教师的课堂教学有所启发，对教师的专业成长有所帮助。

　　本书中的案例主要是笔者近几年荣获省级以上课堂教学大赛（课例）一等奖的教学成果，也有一些其他优秀教研员或教师的成功课例。在这

后 记

里,对课例原作者及所引参考文献的作者一并表示最衷心的谢意。

安徽省教育厅、安徽省教育科学研究院、滁州市教育局的许多领导和专家对本书的撰写给予了大力支持与指导,尤其是中共安徽省委教育工委委员、安徽省教育厅总督学李明阳先生给予了很多指导与帮助,并在百忙之中欣然为本书作序。安徽教育出版社对本书的出版给予了宝贵的帮助和支持,特别是郑可社长、武常春副总编、姚莉主任、章慧敏编辑等给予很多关心与指导。在此向他们表示最诚挚的感谢。

最后,要深深感谢我的亲人与同事,是他们一直默默支持着我,无怨无悔地帮助着我。我唯以此拙作回报他们。

笔者才疏学浅,本书一定有许多不当和疏漏之处,敬希教育专家、学者和广大教师批评指正,以求完善。

胡晓燕

2014 年 2 月